Crypt

Una introducción de 2021 a las criptomonedas y 10 alternativas a Bitcoin

(Ethereum, Litecoin, Cardano, Polkadot, Bitcoin Cash, Stellar, Tether, Monero, Dogecoin & Ripple)

Introducción

Las criptomonedas, o Cryptocurrency, son un dinero electrónico creado con tecnología que controla su creación y protege las transacciones, al tiempo que oculta la identidad de sus usuarios.

Cripto es la abreviatura de "criptografía", y la criptografía es la tecnología informática utilizada para la seguridad, la ocultación de información, las identidades y más. Moneda significa "dinero que se utiliza actualmente".

Las criptomonedas son un dinero digital diseñado para ser más rápido, más barato y más fiable que nuestro dinero regular emitido por el gobierno. En lugar de confiar en un gobierno para crear su dinero y en los bancos para almacenarlo, enviarlo y recibirlo, los usuarios realizan transacciones directamente entre ellos y almacenan su dinero ellos mismos. Como la gente puede enviar dinero directamente sin intermediarios, las transacciones suelen ser muy asequibles y rápidas.

Esta es la breve introducción descriptiva y concisa a las criptomonedas.

Índice de contenidos

Disfruta de todos nuestros libros gratis...

  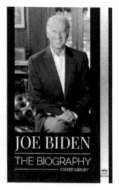

Interesantes biografías, atractivas presentaciones y más.

Únete al exclusivo club de críticos de la Biblioteca Unida!

Recibirás un nuevo libro en tu buzón cada viernes.

Únase a nosotros hoy, vaya a:
https://campsite.bio/unitedlibrary

Criptomoneda

La **criptodivisa**, también conocida como **criptomoneda, es el** nombre que reciben los medios de pago digitales basados en herramientas criptográficas como las cadenas de bloques y las firmas digitales. Como sistema de pago, pretenden ser independientes, distribuidos y seguros. No son monedas en el verdadero sentido. En 2009, la primera criptodivisa, el Bitcoin, empezó a cotizar en bolsa. En 2021, había más de 8.400 criptomonedas en uso (véase también Lista de criptomonedas). Aproximadamente 1.000 alcanzaron un volumen de negocio diario de más de 10.000 dólares. Debido a la gran cuota de mercado de Bitcoin, el resto de criptomonedas también se denominan "altcoins" (donde *alt-* significa "alternativa a Bitcoin"). Las criptodivisas solo se crean de forma no gubernamental; un Petro emitido por el gobierno venezolano supuestamente lanzado en 2018 no tenía transacciones conocidas incluso meses después de su lanzamiento.

Resumen

Las criptomonedas permiten realizar transacciones de pago digitales sin instancias centrales como los bancos. Esto se hace con la ayuda de un almacenamiento de datos descentralizado y protocolos de transmisión encriptados criptográficamente. La propiedad del crédito está representada por la posesión de una clave criptográfica. El crédito, que también está firmado criptográficamente, se asigna a un libro de contabilidad comunal en forma de almacenamiento independiente, la cadena de bloques. Por regla general, todo el sistema genera colectivamente un número predeterminado de unidades monetarias, cuyo ritmo de producción está predeterminado y publicado o limitado por el método criptográfico de generación.

Por lo tanto, una diferencia clave entre la mayoría de las criptomonedas y el dinero cotidiano es que una sola parte no puede acelerar, interferir o abusar significativamente de la producción de unidades monetarias. Las criptomonedas no requieren de bancos centrales y, por tanto, no están sujetas a ninguna autoridad u otra organización.

Debido a su estructura descentralizada, las criptomonedas, a diferencia del dinero de los bancos centrales, no suelen tener un único punto de fallo que pueda poner en peligro o incluso manipular la moneda. Sin embargo, esto debe relativizarse por el hecho de que algunas criptodivisas sí son producidas de forma centralizada por empresas gestionadas por sus propietarios, del sector privado y con ánimo de lucro. Ripple Labs, por ejemplo, posee el 80% de las nuevas emisiones de la criptomoneda Ripple y las distribuye según sus propias reglas.

Las criptomonedas, al igual que el dinero de los bancos centrales que predomina en la actualidad, son dinero fiduciario. Esto significa que se crean de la nada, por así decirlo, y no tienen ningún valor intrínseco particular, salvo su valor de uso. Esto sólo se consigue mediante la aceptación entre los socios comerciales (pagadores, receptores), que resulta de las posibilidades de uso y las ventajas resultantes.

Cómo funciona

Una moneda sin valor intrínseco sólo puede funcionar si existe un grado suficiente de confianza entre los participantes. Con el dinero fiduciario convencional, se debe confiar en el banco central, o bien el banco central o el Estado respectivo impone el uso de la moneda independientemente de la confianza o desconfianza de la población mediante la coacción, el monopolio de la fuerza y el poder del Estado. Con las monedas criptográficas, las nuevas emisiones y transacciones son validadas por una mayoría de participantes que fundamentalmente desconfían y se controlan entre sí.

Dado que la información binaria puede reproducirse casi a voluntad, debe garantizarse -como en cualquier otro sistema de pago sin efectivo- que la cantidad en circulación no aumente de forma desordenada. Así, una operación sólo es válida si la suma de las entradas (cuentas de las que se deduce un importe) es igual a la suma de las salidas (cuentas a las que se añade un importe). La única excepción son las nuevas emisiones, que de nuevo deben seguir unas normas predefinidas y comprensibles para todos con el fin de lograr la confianza necesaria.

En las operaciones ordinarias de pago sin efectivo, el participante debe confiar en una entidad operadora (banco, empresa de tarjetas de crédito o similar) para que vigile y haga cumplir las normas. Con las criptomonedas, esta tarea se asigna a la comunidad de todos los participantes. Las correcciones del sistema sólo son posibles si la mayoría de los participantes están de acuerdo con ellas mediante una solicitud. Por ejemplo, en Bitcoin, el 15 de agosto de 2010, una transacción que no cumplía las normas fue aceptada automáticamente por la mayoría debido a un error de software. Esta transacción supuso el abono de 184.000 millones de BTC (Bitcoins) en dos cuentas. Ello se correspondió con una brusca multiplicación de la oferta monetaria y, por tanto, con una drástica inflación de los saldos crediticios existentes. Este error podría solucionarse haciendo circular un nuevo programa informático corregido que rechazara esta transacción por no ajustarse a las normas. Sin embargo, como nadie puede corregir la base de datos distribuida de todas las transacciones, el fallo no se solucionó hasta que la mayoría de los participantes utilizaron el nuevo software el tiempo suficiente para construir una nueva cadena de bloques más larga y, por tanto, de mayor prioridad, con confirmaciones de transacciones.

A excepción de las criptodivisas operadas de forma privada mencionadas anteriormente, en las que una empresa se otorga un papel especial, las operadas por la comunidad funcionan a nivel de base. Sin embargo, aquí es donde se encuentra el siguiente problema fundamental. Las democracias en el sentido tradicional se basan en la distribución equitativa del poder de voto entre un grupo definido de personas. En Internet, las personas no son claramente identificables. La identificación tampoco es deseable por razones de discreción. Por lo tanto, las criptomonedas deben distribuir los derechos de voto de una manera diferente. Se aplican predominantemente dos principios: Proof of Work y Proof of Stake. En la prueba de trabajo, el participante gana más influencia en el sistema global al resolver problemas computacionales y, por tanto, probar la potencia de cálculo gastada. Al resolver el mayor número posible de tareas, el participante no sólo gana más influencia en el sistema, sino que también aumenta sus posibilidades de beneficiarse de nuevas emisiones y comisiones por transacciones. Este incentivo para proporcionar potencia de cálculo simultáneamente garantiza que un número suficiente de participantes siempre gaste suficiente potencia de cálculo para mantener el sistema en funcionamiento. Por lo tanto, las tareas están diseñadas de tal manera que, en su totalidad, también se encargan de la contabilidad del sistema.

Cuando se prueban las acciones, la persona que ya tiene una gran participación en el crédito recibe más influencia y beneficios. No sólo se valora el crédito, sino también su antigüedad en cierta medida. Peercoin es un ejemplo de ello. Las criptomonedas gestionadas por la comunidad se basan, por tanto, en una comprensión especial de la democracia, que difiere en gran medida de la idea cotidiana.

La aplicación de toda la potencia de cálculo posible para tener más posibilidades de sacar provecho de las nuevas emisiones también se denomina *minería*. Dado que las criptomonedas se negocian con bienes reales y también se cambian por monedas convencionales, existe un incentivo económico real para resolver las tareas informáticas establecidas para la minería de la forma más eficiente posible. Esto ha llevado al uso de hardware cada vez más especializado. Al principio se utilizaban procesadores normales, como los de los PC, y pronto se implementaron los que utilizaban procesadores gráficos. Ahora se comercializan dispositivos basados en FPGAs y ASICs diseñados específicamente para este fin. Esto dio lugar a un aumento masivo de la potencia de cálculo. Como ejemplo, en Bitcoin, la potencia de cálculo gastada aumentó 660 veces de enero de 2013 a enero de 2014. Así, para el usuario individual de un PC ordinario se ha vuelto casi imposible participar en nuevas emisiones o tarifas de transacción con criptodivisas atractivas en las que hay competencia de potencia de cálculo.

Para hacer justicia a este efecto, al creciente número de participantes y a la Ley de Moore, las criptomonedas tienen niveles de dificultad ajustables para las tareas de cálculo. Así, los participantes sólo aceptan las tareas resueltas que corresponden a un nivel de dificultad predefinido y ajustado periódicamente. De este modo, se pueden mantener constantes los índices de emisión y aumentar el esfuerzo necesario para una posible manipulación. Los principios de la prueba de trabajo y la posesión de acciones también pueden combinarse. Por ejemplo, los titulares de grandes saldos, preferiblemente antiguos, pueden presentar soluciones a Peercoin con menor dificultad. Los creadores de esta criptodivisa consideran que la mayor probabilidad de que se les asignen nuevas emisiones o tarifas de transacción es una especie de interés sobre estos créditos.

Realización

Existen decenas de especificaciones para la realización de criptomonedas. La mayoría de ellos funcionan con principios similares a los de Bitcoin y tienen una estructura común, en la que normalmente sólo varía el diseño en detalle. Un enfoque diferente se adopta en la patente designada WO2020060606 *Sistema de criptomoneda que utiliza datos de la actividad corporal.*

Red P2P firmada de los participantes

Todos los participantes se comunican entre sí a través de una red de pares. Cada mensaje que un participante envía a esta red está disponible para todos los demás. Sin embargo, no se envía como una emisión, sino que, como es habitual en las redes P2P, se transmite gradualmente. Por lo tanto, un mensaje enviado a esta red equivale a una publicación a todos los participantes.

En primer lugar, cada nuevo participante genera un par de claves de un criptosistema asimétrico. La clave pública se publica a través de la red P2P y posiblemente en otros lugares. La clave privada, que se mantiene en secreto, permite ahora al participante firmar criptográficamente las órdenes de las transacciones. Cada usuario puede abrir una cuenta por sí mismo de esta manera. Como cuenta de nueva creación, la cuenta tiene un saldo acreedor de cero. La clave publicada es prácticamente el número de cuenta y se conoce como la *dirección de la cuenta.* La clave privada asegura el poder de disposición sobre la cuenta. Como cada participante puede generar cualquier número de estos pares de claves, se almacenan en un archivo conocido como cartera.

Si ahora otro participante quiere transferir una cantidad a la cuenta que acaba de crear, crea una orden de transferencia con la cantidad y con la clave pública de la cuenta de destino y firma esta orden con su clave secreta. Esta orden se publica a través de la red P2P. Ahora debe verificarse y autentificarse como una transacción en el sistema de contabilidad compartida y archivarse.

Cada participante puede utilizar la clave pública para comprobar si la orden de transferencia fue realmente creada por el remitente legítimo. Así se evita el robo de las cuentas de otras personas. A continuación, la contabilidad archivada anteriormente puede utilizarse para comprobar si la cuenta de envío también tiene el saldo acreedor necesario. Así se evita sobregirar la cuenta o gastar el crédito dos veces. Sólo cuando la orden de transferencia haya sido aceptada como conforme a las normas, el participante intentará introducirla en la contabilidad.

Contabilidad

Hasta ahora, la criptomoneda sólo consiste en una red P2P en la que se publican mensajes firmados con criptografía asimétrica. La parte esencial es entonces la forma especial de contabilidad. Está formado por bloques de datos, cada uno de los cuales hace referencia a su predecesor y forma así una cadena, la *blockchain*. Cada bloque de datos forma una nueva página de la contabilidad compartida. Cada participante que desee añadir un nuevo bloque a esta contabilidad podrá, además de las nuevas operaciones acumuladas que se confirmen, introducir en ella una operación de ninguna parte a su propia cuenta. De este modo, recibe el importe parcial de la nueva emisión vinculada a este bloque, tal y como se especifica en el conjunto de normas. Por esta razón, muchos participantes están ansiosos por crear y publicar estos nuevos bloques.

Para limitar los nuevos problemas asociados, esta creación de nuevos bloques está asociada a una dificultad. Para ello, se debe calcular una función unidireccional realizada como función hash criptológica a partir del bloque. Este valor hash debe satisfacer una condición generalmente aceptada para ser reconocido como un nuevo bloque válido. En el caso más sencillo, el valor debe estar por debajo de un umbral determinado. Cuanto más pequeño sea este valor umbral, menor será la probabilidad de que el nuevo valor hash calculado esté por debajo de él. En consecuencia, es más difícil crear un bloque de este tipo. El participante debe ahora modificar el bloque hasta que haya creado un bloque válido cuyo valor hash esté por debajo del valor límite. Para ello, cada bloque contiene un valor llamado nonce, cuya única función es modificarse hasta que el valor hash de todo el bloque satisfaga la condición. Como se trata de una función unidireccional, no es posible calcular directamente el nonce requerido. Así que la dificultad estriba en calcular el valor hash de los bloques modificados hasta que por casualidad se alcance un valor inferior al umbral dado. Las funciones hash utilizadas por varias criptomonedas incluyen SHA-2 (Bitcoin, Peercoin), SHA-3 (Copperlark, Maxcoin), Scrypt (Litecoin, Worldcoin) y POW (Protoshares).

Para documentar la secuencia ininterrumpida de bloques a prueba de manipulaciones, cada nuevo bloque debe contener también el valor hash de su predecesor. De este modo, los bloques forman más tarde una cadena cuya conexión ininterrumpida e inalterada puede ser fácilmente verificada por cualquiera. El elevado esfuerzo para crear nuevos bloques que cumplan las normas no sólo limita la tasa de nuevas emisiones, sino que también aumenta el esfuerzo para crear una falsificación. Una vez que un participante ha sido el primero en crear un nuevo bloque válido, puede publicarlo en la red P2P. Los demás participantes pueden comprobarlo y, si cumple las normas acordadas, se añade a la cadena de bloques actual y se acepta como el nuevo último bloque de la cadena.

Por lo tanto, las transacciones contenidas en el nuevo bloque sólo son confirmadas inicialmente por este único participante que generó el bloque. Por lo tanto, sólo son creíbles hasta cierto punto. Sin embargo, si el bloque también fue aceptado como válido por los demás participantes, éstos introducirán su valor hash en sus nuevos bloques a crear. Si la mayoría de los participantes consideran que el bloque es válido, la cadena crecerá más rápidamente a partir de este bloque. Si no lo consideran válido, la cadena seguirá creciendo a partir del último bloque hasta el momento. Los bloques no forman una simple cadena, sino un árbol. Sólo se considera válida la cadena más larga del árbol desde el primer bloque (raíz). Por lo tanto, esta forma de contabilidad está formada automáticamente por los bloques que la mayoría ha aceptado como válidos. Este primer bloque, que también se utiliza para iniciar una criptomoneda, se denomina **bloque de génesis.** En muchos casos, ya está incluido en el software operativo de la criptomoneda y es el único bloque que no contiene un valor hash de un predecesor.

Cada participante que crea un nuevo bloque basado en uno anterior acepta y confirma que los bloques anteriores cumplen las normas. Cuantos más bloques nuevos se creen sobre la base de un bloque existente, más se confirman colectivamente las transacciones que contienen y, por tanto, se documentan irrevocablemente en la red. Ajustando el nivel de dificultad a la potencia de cálculo de los participantes, se puede ajustar el ritmo de creación de nuevos bloques. En el caso de Bitcoin, después de 2016 bloques, este valor se ajusta para que, de media, se pueda esperar un nuevo bloque cada 10 minutos. Por lo tanto, el ajuste tiene lugar aproximadamente cada dos semanas. Por lo tanto, quien quiera realizar una transacción y necesite que sea confirmada por la red de participantes para hacerlo, deberá esperar una media de 10 minutos hasta que se haya introducido en un nuevo bloque. Después de una hora, se han añadido cinco más a este bloque. Cualquiera que ahora quisiera impugnar estas transacciones tendría que gastar seis veces más potencia de cálculo que todo el resto de los participantes del mundo para establecer una rama válida alternativa en la cadena de bloques. Esto hace que sea casi imposible eliminar o modificar las transacciones una vez que se han introducido.

Tasas de transacción

Para evitar ataques al funcionamiento de una criptomoneda por sobrecarga (ataques de denegación de servicio), se cobran tasas de transacción para evitar transferencias inútiles de pequeñas cantidades. Estas tarifas de transacción se cobran permitiendo al creador de un nuevo bloque incluir en él la transferencia de la cantidad acordada a su propia cuenta. Las tasas de transacción constituyen así un incentivo para participar en la creación de nuevos bloques, además de las nuevas emisiones. Siguen siendo un incentivo económico para participar aunque no se produzcan más emisiones rentables.

Como el tamaño de los bloques es limitado, las transacciones pueden tener que esperar más tiempo para ser incluidas en un nuevo bloque. Si el iniciador de la transacción quiere acelerar este proceso, puede introducir voluntariamente una tasa de transacción mayor en su orden de transferencia. Los demás participantes incluirán entonces preferentemente esta transacción en sus nuevos bloques con el fin de reservarse esta tasa de transacción incrementada.

Resumen

Los pasos para gestionar una criptomoneda descentralizada son:

1. Las nuevas transacciones se firman y se envían a todos los nodos.
2. Cada nodo recoge las nuevas transacciones en un bloque.
3. Cada nodo busca el nonce que hace válido su bloque.
4. Cuando un nodo encuentra un bloque válido, lo difunde a todos los demás nodos.
5. Los nodos aceptan el bloque sólo si es válido según las reglas:

   - El valor hash del bloque debe corresponder al nivel de dificultad actual.
   - Todas las transacciones deben estar correctamente firmadas.

- Las transacciones deben ser cubiertas de acuerdo con los bloques anteriores (no hay doble gasto).
- Las tasas de emisión y transacción nuevas deben cumplir con las normas aceptadas.
- Los nodos expresan su aceptación del bloque adoptando su valor hash en sus nuevos bloques.

Los pasos se superponen. Se buscan continuamente nuevos bloques y se crean nuevas transacciones con la misma continuidad. Para el nodo individual, la probabilidad de encontrar un nuevo bloque no cambia debido a la inserción de una nueva transacción. Como cada nodo prefiere introducir su propia clave pública para recibir la nueva emisión, los bloques en los que se trabaja simultáneamente en todo el mundo son todos diferentes.

Escalabilidad

Problema

La aplicación de las criptomonedas actuales de la manera descrita aquí se encuentra con limitaciones en la práctica en términos de tiempo y requisitos de comunicación y almacenamiento. Cualquiera que quiera comprobar por sí mismo la credibilidad de una transferencia o el saldo de una cuenta debe conocer la cadena de bloques actual hasta el bloque Génesis. Para ello, cada participante en la red P2P de la moneda debe almacenar una copia completa del libro mayor global hasta la fecha. La aplicación práctica de una criptodivisa con la misma autoevaluación que, por ejemplo, una tarjeta de crédito, llevaría rápidamente la contabilidad a proporciones difíciles de gestionar.

En comparación, la criptodivisa más vendida, Bitcoin, realizó una media de 30 transacciones por minuto en diciembre de 2013. En comparación, Visa Inc. contaba con unas 200.000 con un sistema de reservas que probó hasta 47.000 transacciones por segundo en agosto de 2013. A pesar del volumen comparativamente bajo de reservas, los requisitos de almacenamiento de la blockchain de bitcoin aumentaron en unos 8,8 GBytes hasta los 12,6 GBytes en 2013. Cada participante ya tendría que cargar aproximadamente 24,7 MByte de la red cada día, suponiendo que las condiciones sean constantes, y ponerlos de nuevo a disposición de los demás de acuerdo con el concepto P2P.

El ritmo limitado de generación de nuevos bloques y el indeterminismo del proceso conducen a tiempos de confirmación imprevisiblemente largos. En Bitcoin, por ejemplo, el nivel de dificultad sólo se ajusta cada dos semanas para luego generar un nuevo bloque con la mayor precisión posible cada 10 minutos. Las fluctuaciones en la potencia de cálculo real operada y la dispersión inherente al principio conducen a tiempos de espera de las confirmaciones de transacciones de 5 a 20 minutos. Por lo tanto, las nuevas criptomonedas funcionan con ajustes modificados del grado de dificultad y tasas parcialmente aumentadas para la generación de bloques.

Enfoque de la solución

Para conseguir tarifas viables para un método de pago generalizado y adecuado para el uso diario, hay que abandonar el enfoque P2P, según el cual todo el mundo hace lo mismo. Los inmensos requisitos de almacenamiento podrían entonces realizarse con servidores de archivo que son los únicos que almacenan toda la cadena de bloques. A partir de ahí, los servidores de validación total funcionan cargando inicialmente la cadena de bloques desde los servidores de archivo, pero trabajando sólo con una parte de ella durante la operación. Asumen la carga real de las publicaciones que se producen. Los participantes podrían entonces utilizar el software de verificación simplificada de pagos (*SPV*) y recibir sólo información parcial de los servidores.

En la práctica, también sería concebible que los proveedores de servicios realizaran controles y aseguraran el riesgo residual, de forma similar a una póliza de seguro para una orden de transferencia. Un cliente sólo necesita conocer el saldo de su cuenta y puede crear y firmar digitalmente una orden de transferencia con sus claves criptográficas privadas (el monedero) incluso sin una copia de la cadena de bloques. El comerciante podría enviarlo a su proveedor de servicios para que lo verifique y tendría un resultado con la misma rapidez que con otros métodos de pago no monetarios. Así, es posible el pago instantáneo, por ejemplo, con un smartphone en la caja de un comercio.

Sin embargo, estos enfoques conducen de nuevo a la introducción de una capa de servicios y abandonarían la idea original de que una moneda exista sin un tercero de confianza. Sin embargo, a diferencia de los bancos, todo el proceso seguiría siendo transparente para todos. Al igual que antes, cualquiera podía acceder a la totalidad de un servidor de archivos si veía una razón para hacerlo. Con el concepto de bloques divisibles que se describe a continuación, se pueden comprobar las reservas individuales con aplicaciones SPV sin tener que confiar en una capa de servicio.

Bloques divisibles

Si se almacena el valor hash del predecesor completo en cada bloque, también se requiere el bloque completo en cada caso para comprobar que no hay huecos en la cadena. Por lo tanto, se necesita la contabilidad completa, aunque no se esté interesado en cada una de las entradas. Para evitarlo, se utilizan árboles de hash. En lugar de determinar un valor hash sobre todo el bloque, se pueden calcular los valores hash de las transacciones individuales y organizarlos como un árbol hash. En la raíz del árbol, esto proporciona de nuevo un valor hash que asegura colectivamente todas las transacciones. Con esto, se puede crear una cabecera de bloque que sólo contenga el valor hash del predecesor, el nonce y el valor hash de la raíz del propio árbol.

Aunque esto hace que el bloque individual sea más grande, la integridad de la cadena puede ahora comprobarse únicamente sobre la base de las cabeceras de los bloques, que son comparativamente pequeñas. Así, estas cabeceras pueden almacenarse cómodamente y sus necesidades de memoria no dependen del número de transacciones realizadas. En el caso de Bitcoin, se trata de 80 bytes cada 10 minutos, es decir, aproximadamente 4 MBytes al año.

La cadena de bloques es, por tanto, una serie de árboles de hash, donde inicialmente sólo interesan la raíz y su concatenación. Si una aplicación SNI quiere comprobar una transacción individual, sólo necesita el subárbol correspondiente para poder comprobar el valor hash de la transacción utilizando los valores de este subárbol hasta la raíz. El servidor de validación completa o los servidores de archivo de los que se obtiene el subárbol no necesitan ser de confianza. El subárbol, con sus valores hash, representa el vínculo verificable entre la transacción individual y la cabecera del bloque en el que se contabilizó. Este procedimiento permite, con muy poco esfuerzo, comprobar la validez de una contabilización sin conocer el resto de la contabilidad. Por lo tanto, una aplicación de SPV es la solución mínima para recibir pagos.

Las cabeceras de bloque relativamente pequeñas son una de las razones por las que se puede utilizar hardware especializado de forma extremadamente eficiente para la minería. Para cada nuevo nonce, sólo se calcula el valor hash de la cabecera del bloque pequeño, no del bloque completo. Por lo tanto, el requisito de memoria es muy pequeño. Esto es exactamente lo que las nuevas funciones hash como scrypt intentan evitar aumentando artificialmente los requisitos de memoria y reduciendo así el impacto del hardware especializado en la moneda.

piscinas mineras

A medida que crece el interés por una criptodivisa, aumenta naturalmente el número de quienes quieren participar en las nuevas emisiones. El participante individual compite con la creciente potencia de cálculo de todos los demás participantes. Además, a medida que crecen los intereses, el valor de cambio de la moneda suele aumentar también. Esto lleva a una situación en la que las nuevas emisiones para los nuevos bloques son cada vez más valiosas y, al mismo tiempo, es cada vez menos probable conseguirlas como participante único.

Las peñas mineras tienen una motivación similar a la de las peñas de lotería. Varios participantes invierten juntos para aumentar las posibilidades de obtener un beneficio, y luego lo dividen entre ellos. En el caso de las criptodivisas, la potencia de cálculo se pone en común para luego repartir los beneficios (nuevas emisiones, tasas de transacción).

Un proveedor de servicios central permite a los participantes conectarse a él. Mediante aplicaciones especiales, los participantes ponen su propia potencia informática a disposición del proveedor de servicios. El proveedor de servicios determina un nuevo bloque y asigna intervalos del nonce a buscar a los participantes individuales. De este modo, todos los participantes trabajan en paralelo en el mismo problema que normalmente trataría de resolver un solo nodo. Si un participante encuentra un nonce que conduce a un bloque válido, el bloque puede ser publicado y el beneficio compartido.

Dado que todos los participantes trabajan en el mismo bloque con diferentes valores del nonce, el espacio de búsqueda se distribuye entre los participantes y, por tanto, la búsqueda tiene éxito mucho más rápido en promedio. Dado que el bloque ya contiene la cuenta de destino de las ganancias y que el valor hash cambiaría inevitablemente si se modificara la dirección, es imposible que un participante publique un nuevo bloque con éxito por sí mismo. Si se utilizan bloques divisibles con árboles de hash (véase más arriba), el participante individual también suele desconocer las transacciones del nuevo bloque. Sólo recibe la plantilla de la nueva cabecera de bloque y busca el nonce correspondiente.

Si cada participante (regularmente o después de encontrar un nuevo bloque) informa de su propio mejor nonce, el operador del pool de minería puede utilizarlo para estimar la potencia de cálculo realmente realizada por el respectivo participante. Para ello, inserta el nonce en la cabecera del bloque procesado colectivamente y calcula el valor hash. Cuanto más pequeño sea el valor del hash o más cerca esté del nivel de dificultad actual, mayor será la potencia de cálculo empleada. Debido a la dispersión estadística de la tarea de la prueba de trabajo, esta potencia computacional estimada debe promediarse sobre varios bloques nuevos procesados. De este modo, se descarta en gran medida la falsificación de la potencia de cálculo que realmente no se ha realizado. El beneficio puede repartirse entre los participantes de forma proporcional a la potencia de cálculo realizada.

Los pools de minería se vuelven problemáticos debido a la pérdida de control por parte de los participantes. La API de muchos pools no permite al participante comprobar las transacciones que el operador confirma con el nuevo bloque para el público en general. En particular, si los participantes sólo reciben plantillas de la cabecera del bloque, la verificación no es posible. Así, el operador del pool recibe de los participantes no sólo su poder de cómputo, sino también su poder de voto mayoritario. El principio de la democracia a través del poder informático se ve así socavado. En sentido figurado, el participante en un pool minero pone su papeleta a disposición del operador (ver riesgos, voto mayoritario por potencia de cálculo).

Autodeterminación informativa

Las criptomonedas funcionan con un sistema de contabilidad pública. Todos los participantes tienen acceso ilimitado a todas las transacciones desde la introducción de la moneda. No hay banco y, por tanto, no hay secreto bancario. Sin embargo, sin un banco, tampoco hay una entidad que registre a un participante como persona en absoluto. Cualquiera puede generar un par de claves y participar en transacciones de pago con la pública de las dos claves. Esta clave pública es el seudónimo del participante. Por lo tanto, las criptomonedas en la forma descrita aquí ya están seudonimizadas por su propia naturaleza.

Sin embargo, los seudónimos no protegen contra la asignación a una persona que se realiza por otros medios. Por su propia naturaleza, las operaciones de pago suelen estar asociadas al suministro de más información, como una dirección de entrega, una dirección de correo electrónico o información similar. Para evitar que en ese caso se exponga toda la crónica de todas las reservas de esa persona, cada participante puede generar un número arbitrario de pares de claves y, por tanto, de seudónimos. Lo que, por ejemplo, es indeseable aquí en Wikipedia y otros servicios de la red como un títere de calcetín y a veces incluso se persigue sistemáticamente, es el caso normal previsto con las criptomonedas. Sin embargo, el anonimato no se puede conseguir con esto.

Anonimización

Para evitar la trazabilidad de los pagos, se ofrecen cuentas como servicio que permiten que las transacciones se procesen a través de ellas de manera que sea lo más difícil posible identificar un vínculo entre las transacciones entrantes y salientes. Esto se consigue, por un lado, permitiendo que muchos participantes procesen órdenes de pago a través de la misma cuenta y que sólo el operador conozca la correlación entre las transacciones entrantes y salientes. Para evitar correlaciones, el usuario del servicio puede ordenar medidas adicionales. Por ejemplo, el pago puede retrasarse, fraccionarse y/o distribuirse a múltiples cuentas de beneficiarios (que a su vez pueden pertenecer a la misma persona). Estos servicios se denominan servicios de *mezcla* o, en referencia al blanqueo de dinero, servicios de *lavandería*.

El principal inconveniente es que hay que confiar en los operadores de estos servicios, tanto en lo que respecta a la anonimización como a la ejecución real del pago. Una vez más, hay un servicio central en el que hay que confiar, similar a un banco. Esto va en contra del concepto básico de una criptomoneda. Los *servicios de lavandería* también pueden realizarse como un servicio descentralizado de la comunidad de participantes de una criptomoneda. Los procedimientos de compromiso, los acumuladores criptográficos y las pruebas de conocimiento cero pueden utilizarse para crear una especie de tablón de anuncios digital en el que se pueden depositar y recuperar cantidades de forma anónima. Para evitar que las cantidades depositadas sean retiradas del tablón de anuncios, éste debe ser autoorganizado de la misma manera que la contabilidad de las criptomonedas. Así, el tablón de anuncios puede considerarse una especie de moneda anónima paralela a la criptomoneda original e integrada en su contabilidad. El anonimato de las criptomonedas y el riesgo asociado de blanqueo de capitales llevaron a las recomendaciones del GAFI de introducir la Norma de Viajes para poder seguir más de cerca las transacciones de criptomonedas.

Zerocoin

El planteamiento de un tablón de anuncios digital como moneda paralela anónima es el que persigue el concepto de Zerocoin, concebido originalmente como una extensión del protocolo Bitcoin. Después de que esta extensión no haya sido aceptada por la comunidad de participantes de Bitcoin durante meses, los desarrolladores han decidido operarla como una criptodivisa independiente, probablemente en [fecha desfasada] mayo de 2014.

Los participantes pueden depositar cantidades de forma anónima como crédito en el tablón de anuncios. Al hacerlo, guardan un secreto que permite volver a retirar esa cantidad del tablón de anuncios más adelante de forma igualmente anónima. El resultado es una transacción de una cuenta a otra, sin conexión aparente entre ellas. El proceso de una transacción anónima:

1. Generación de un número de serie aleatorio S y definición criptográfica de este número mediante un procedimiento de compromiso. Se obtiene un compromiso C, que revela el número de serie almacenado S sólo a la persona que tiene el número aleatorio coincidente z. El número de serie S se almacena entonces en la memoria criptográfica.

2. El Compromiso C recién generado se deposita ahora en el tablón de anuncios junto con el importe correspondiente.

3. Si quiere contabilizar el importe del tablón de anuncios de nuevo en una cuenta, primero considere el conjunto de todos los compromisos depositados y genere una prueba de conocimiento cero no interactiva para la siguiente afirmación:

   Conozco una C en el conjunto de todas las Cs y conozco el valor secreto z *para* abrir este compromiso con el número de serie S.

4. Esta prueba de conocimiento cero se publica (preferiblemente a través de un canal de comunicación anónimo como Tor) junto con el número de serie S.

5. Los demás participantes comprueban la prueba y verifican que el valor de S no se ha utilizado antes.

6. Si el resultado de la comprobación es positivo, los Participantes permitirán a la persona que haya aportado las pruebas transferir el importe en cuestión desde cualquier posición del tablón de anuncios a su cuenta.

Al utilizar una prueba de conocimiento cero, no se conoce ni el compromiso C *en cuestión* ni su valor de correspondencia z.

Peligros y críticas

Error de software

Las criptomonedas, como todos los sistemas que funcionan con software, tampoco están a salvo de los errores de software. Ejemplos:

1. La transferencia de 184.000 millones de BTC (nunca debería haber más de 21 millones de BTC) el 15 de agosto de 2010 se basó en un desbordamiento aritmético.
2. El 11 de marzo de 2013, la Blockchain de Bitcoin se dividió en dos ramas consideradas válidas por diferentes grupos de participantes. Por lo tanto, había una contabilidad incoherente. La causa fue una incompatibilidad involuntaria de una nueva versión de software. Se crearon bloques que rechazaban las versiones anteriores por no ser conformes. El incidente es también una prueba de la especial influencia de los operadores de grupos de minería o del potente hardware en la moneda. Se les pidió que bajaran de categoría a corto plazo hasta que estuviera disponible una versión corregida.

Hasta ahora, todos los fallos del bitcoin se han resuelto mediante correcciones de software y un comportamiento cooperativo de las partes implicadas. Sin embargo, no hay garantía de que esto sea así para todas las criptomonedas y para todo el tiempo. Visto así, también hay que relativizar la afirmación hecha al principio sobre la inexistencia de un único punto de fallo. Si una criptomoneda funciona casi exclusivamente con software de un único código fuente y no hay implementaciones independientes, entonces este código fuente representa un único punto de fallo.

Hardware especializado

El uso masivo de hardware especializado para obtener nuevas emisiones tiene un fuerte efecto distorsionador en la competencia general por ellas. En el caso de Bitcoin, el hashrate global está actualmente en torno a 1,3 EH/s, es decir, 1,3 billones de cálculos de la función hash por segundo. Sin embargo, el valor exacto está sujeto a grandes fluctuaciones. A medida que la minería de BTC se vuelve cada vez menos rentable, los empresarios con recursos están ofreciendo su hardware como potencia de computación minera alquilable. En el caso de las criptomonedas de nuevo diseño, cada vez hay más intentos de reducir la influencia del hardware especializado. Para ello, se utilizan funciones hash que aumentan los costes de hardware debido a sus elevados requisitos de memoria (scrypt), o se intenta diseñarlas de forma que sean lo menos adecuadas posible para las GPU y FPGA y provoquen los mayores costes posibles para los ASIC (POW).

Decisión mayoritaria por potencia de cálculo

Debido a la decisión mayoritaria por parte de la potencia de cálculo, estas criptomonedas están expuestas al peligro de ser manipuladas por organizaciones que consigan reunir el 51% de la potencia de cálculo. Esto se conoce como un ataque del 51%. El pool de minería GHash.IO alcanzó brevemente el 42% en la minería de bitcoins en enero de 2014. Los dos pools de minería GHash.IO (alrededor del 34 por ciento) y BTC Guild (alrededor del 24 por ciento), con un total combinado de alrededor del 58 por ciento, estarían actualmente en una posición combinada para controlar el bitcoin (a partir del 19 de enero de 2014). La idea original del concepto de prueba de trabajo, de distribuir el control de la moneda de manera uniforme entre la multitud de CPUs de todo el mundo, no ha tenido éxito.

Pérdida y robo de datos

Dado que el poder de disposición sobre el saldo de una criptomoneda es exclusivamente a través de las claves privadas secretas, ya se han perdido saldos irremediablemente en el pasado debido a la pérdida de datos. La devolución por otros medios suele ser imposible, ya que el crédito perdido no puede distinguirse, en principio, de los activos aparcados y no utilizados actualmente. Esto también lleva a que no se conozca la cantidad real de dinero que se puede negociar.

Las claves para la disposición de un saldo de crédito, que son comparativamente pequeñas en términos de requerimientos de memoria, son también un blanco fácil para los delincuentes informáticos. Al igual que las contraseñas, pueden ser espiadas con malware. Debido a la operación mundial con seudónimos, la persecución de estos robos de criptoactivos es poco prometedora. En consecuencia, las empresas ya están ofreciendo el almacenamiento seguro de criptoactivos como un servicio.

Distribución

Algunas criptodivisas son injustas para el público en general en el sentido de que partes significativas de las nuevas emisiones ya han sido minadas de antemano por los fundadores o la startup con los mayores rendimientos no ha sido suficientemente publicitada durante mucho tiempo. A menudo hay incluso normas que conceden a los participantes en la fase inicial, los llamados early adopters, condiciones especialmente favorables. Si se acusa a los fundadores de tener una intención interesada, este tipo de criptodivisas también se denominan monedas estafadoras. La minería previa también puede ser una parte del concepto abiertamente documentada, como en el caso de Ripple, que se planeó puramente como una moneda de intercambio.

Incluso en el caso de Bitcoin, que inicialmente se consideraba experimental, existen desequilibrios desde el periodo de arranque. El bitcoin está diseñado de tal manera que con los primeros 210.000 bloques (es decir, en unos cuatro años) se emite la mitad de todos los bitcoins (es decir, 10,5 millones). Desde que se llegó a ese bloque el 28 de noviembre de 2012, la nueva emisión se ha reducido a la mitad y sigue reduciéndose a la mitad de la misma manera cada cuatro años. Ese día, había una sola cuenta con un saldo de 111.111 BTC, es decir, algo más del 1% de todos los bitcoins.

Un año después, en diciembre de 2013, se descubrió que 47 cuentas poseían el 28,9% de los 12 millones de BTC emitidos. Otras 880 cuentas tienen el 21,5%. Así, la mitad de todos los Bitcoins minados hasta ese momento están en manos de un máximo de 927 cuentas. Otras 10.000 cuentas tienen otro 25%, lo que deja a las aproximadamente 1.000.000 de cuentas restantes para repartirse el cuarto restante.

Fluctuaciones y manipulación de los precios

Comparativamente, son pocas las criptomonedas del mundo que se pueden convertir en monedas normales. A menudo, a lo sumo son negociables en otras criptodivisas. Por regla general, los bancos no ofrecen intercambio.

Las criptomonedas que son convertibles pueden ser arriesgadas debido a su alta volatilidad y son un objetivo potencial para los ataques de pump and dump. Como grandes máquinas expendedoras distribuidas sin la capacidad (dada con el dinero del banco central) de responder al mercado al que pretenden servir como medio de pago, es poco probable que proporcionen una moneda estable. Especialmente en volúmenes comparativamente bajos, las criptodivisas representan un objeto de especulación en el que los regímenes de cambio estables con respecto a las divisas convencionales se consideran poco probables.

En este contexto, las distribuciones, a menudo muy desiguales (véase más arriba), también suponen una amenaza para la estabilidad del tipo de cambio con respecto a las monedas establecidas. Si muy pocas personas poseen una parte muy grande de la moneda (en el caso de Bitcoin, alrededor de 1.000 personas poseen la mitad de la moneda), el tipo de cambio se ve significativamente afectado en cuanto incluso una parte de este grupo de personas se activa con ella. Así, estas personas pueden realizar un "vertido" sin necesidad de un "bombeo" previo, pero con el mismo efecto.

La criptomoneda sólo asegura sus propias participaciones. Documenta qué clave posee cada activo, limita y regula las nuevas emisiones y evita el doble gasto. Los tipos de cambio surgen completamente al margen de este sistema. Los tipos de cambio frente a otras monedas (especialmente las convencionales) son indicaciones de los operadores o de las bolsas y, en principio, también pueden ser manipulados. En particular, no representan una garantía de que la criptodivisa se intercambiará realmente a ese ritmo.

Consumo de recursos

Algunas criptomonedas (como Bitcoin) utilizan el llamado proceso de prueba de trabajo, en el que los participantes en la red son recompensados con unidades monetarias por proporcionar potencia de cálculo. Pueden ser, por ejemplo, unidades recién generadas o el "pago" por la liquidación de una transacción. Cuanto mayor sea la potencia de cálculo de un participante, más probabilidades tendrá de ser recompensado. De este modo, se produce una competencia entre los participantes, que intentan aumentar su cuota de la potencia de cálculo total de la red para recibir más recompensas. La mayor potencia de cálculo conlleva un mayor consumo de recursos (por ejemplo, de electricidad o de hardware adicional); en 2018, se calculó que el consumo de electricidad de la minería de Bitcoins por sí sola era muy superior al consumo de electricidad de toda Dinamarca.

Bitcoin, por ejemplo, se basa en que la cadena de transacciones se actualiza a intervalos de tiempo aproximadamente constantes. Para ello se necesita una prueba de trabajo, en este caso la solución de un problema criptográfico, que se elige de tal manera que la solución tarda de media tanto como el intervalo de tiempo deseado. A medida que la potencia computacional global de la red aumenta debido a la competencia -y también a la incorporación de nuevos participantes a la red-, la dificultad del problema debe aumentar continuamente para que el tiempo de encontrar una solución siga siendo el mismo. Este aumento de la potencia de cálculo continúa mientras la recompensa siga pareciendo económica en comparación con el gasto adicional de más potencia de cálculo.

Las criptomonedas que utilizan el método proof-of-stake en lugar del método proof-of-work, por ejemplo, y que evitan la "minería" por completo, tienen un consumo de energía mucho menor. Entre ellas se encuentra Ripple (XRP), pero también criptomonedas "más pequeñas" (en términos de capitalización de mercado) como NANO y EverGreenCoin (EGC), para cuyas comunidades de usuarios la protección de los recursos naturales es un objetivo explícito.

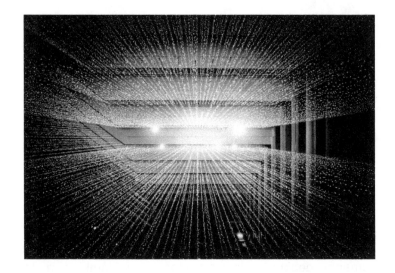

Otros

Seguridad criptológica: La seguridad de una criptomoneda viene determinada en gran medida por la seguridad de los procedimientos utilizados en ella. Por ejemplo, SHA-2 se desarrolló en respuesta a los ataques conocidos contra SHA-1. Si volviera a ocurrir algo similar con SHA-2 u otra función hash, las criptomonedas basadas en ella serían manipulables.

Credibilidad: Muchas criptodivisas no son más que duplicados ligeramente variados de monedas ya existentes, sin avances técnicos significativos. En algunos casos, tampoco están pensados en serio, como muestra el ejemplo de "Coinye West", que aludía al rapero Kanye West.

Reguladores: Los reguladores de algunos países se han pronunciado en contra del uso de las criptomonedas y, en algunos casos, ya han adoptado medidas reguladoras concretas para desalentar su uso. En la cumbre del G20 de

Buenos Aires 2018 se decidió regular las criptomonedas para luchar contra el blanqueo de capitales y la financiación del terrorismo de acuerdo con las normas del GAFI y estudiar otras medidas en caso necesario.

Devolución de cargos: Dado que las transacciones son irreversibles, los comerciantes de criptomonedas corren el riesgo de quedarse con la pérdida después de una devolución de cargos cuando intercambian contra métodos de pago con devolución de cargos (débito directo, tarjeta de crédito, PayPal, etc.).

Prohibiciones publicitarias: Google (desde marzo de 2018) y Facebook (desde enero de 2018) están prohibiendo los anuncios de criptodivisas. El problema era el carácter especulativo y las páginas web fraudulentas. En consecuencia, la publicidad de criptomonedas está prohibida en las dos mayores plataformas publicitarias de Internet. Sin embargo, en otoño de 2018, la prohibición ya fue retirada parcialmente por Google. Desde entonces, los anunciantes certificados pueden volver a anunciar criptomonedas y servicios financieros relacionados con las mismas en determinados países. Sin embargo, la publicidad de las OIC sigue estando excluida.

La *criptodivisa como moneda estatal*: La propaganda estatal presentó a Venezuela como "pionera del mundo" cuando supuestamente se introdujo la criptodivisa estatal Petro. Durante la quiebra de facto del país, la moneda nacional, el bolívar venezolano, había perdido toda la confianza. Posiblemente fue un intento del gobierno de desplazar a otras criptodivisas; éstas eran la forma obvia de que los venezolanos escaparan de su moneda nacional y su hiperinflación, por un lado, y de recibir las remesas de los venezolanos que huían al extranjero, por otro, mientras las monedas libremente convertibles estaban prohibidas en el país.

Otros países están debatiendo la emisión de una criptodivisa estatal. Entre ellos se encuentran Estados Unidos, con FedCoin, Rusia, Turquía y la experta en tecnología Estonia, que está trabajando ambiciosamente en la adaptación.

Rusia coqueteó con la introducción de una criptodivisa para eludir las sanciones, pero el Banco Central de Rusia consideró que la introducción de una criptodivisa en el rublo era demasiado arriesgada para la estabilidad del rublo. En cambio, Rusia animó a Venezuela a dar el paso porque no tenía nada que perder.

Learning *Coin del Banco Mundial y el FMI:* La primera criptomoneda propia de los dos organismos especializados de las Naciones Unidas no está concebida como medio de pago, sino que la Learning Coin se desarrolló con fines de aprendizaje e investigación internos. Sin embargo, el avance es una prueba más de que los actores tradicionales de la política y la sociedad también consideran que las monedas digitales tienen un gran potencial.

Ransomware: A nivel internacional, desde principios de 2019, el ransomware a través de criptomonedas ha sido "más común". El 9 de enero de 2019, se informó por primera vez de uno en Noruega: en la moneda Monero.

Ethereum

Ethereum es un sistema distribuido de código abierto que ofrece la creación, gestión y ejecución de programas o contratos descentralizados (smart contracts) en su propia blockchain. Por tanto, representa un contra-diseño de la clásica arquitectura cliente-servidor.

Ethereum utiliza la criptomoneda interna *Ether* (abreviada *ETH*, símbolo: Ξ) como medio de pago para el procesamiento de las transacciones, que son gestionadas por los ordenadores participantes.

En febrero de 2021, Ether es la segunda criptomoneda con mayor capitalización de mercado después de Bitcoin.

Tecnología

Ethereum, al igual que Bitcoin, se basa en la tecnología blockchain. Sin embargo, a diferencia de Bitcoin, Ethereum no es una criptomoneda pura, sino también una plataforma para las llamadas Dapps (aplicaciones descentralizadas), que consisten en contratos inteligentes. Hay una gran variedad de aplicaciones para los contratos inteligentes, como los sistemas de voto electrónico, las organizaciones virtuales, la gestión de la identidad y el crowdfunding.

Ethereum es un sistema distribuido cuyos participantes (*cuentas* o *contratos de Ethereum*) utilizan la propia red de pares de Ethereum para intercambiar datos sin un servidor central. Todos los participantes trabajan con una base de datos compartida, la blockchain de Ethereum. Para participar, un cliente de Ethereum debe sincronizarse con la red antes de su uso, lo que significa que descarga y verifica todas las transacciones documentadas en la cadena de bloques desde la última sincronización. Para la sincronización inicial, algunos clientes tienen un modo rápido que no requiere la descarga de toda la cadena de bloques. *Ethereum Wallet*, *MyCrypto*, *MyEtherWallet*, *HelioWallet*, *Parity, Freewallet* y *Exodus* (monedero multiactivo para varias criptodivisas) sirven como monederos. Los llamados "clientes ligeros" permiten controlar el estado de una parte de toda la plataforma Ethereum o verificar transacciones individuales con poca capacidad. Sin embargo, estos todavía están en desarrollo en octubre de 2016.

Actualmente, Ethereum todavía se crea mediante el llamado algoritmo proof-of-work, que será sustituido por un algoritmo proof-of-stake en el curso de las fases de desarrollo. Si quieres participar activamente en la producción de Ethereum hoy en día (a partir de abril de 2017), esto es posible a través de la minería de Ethereum. En este proceso, se ejecuta un algoritmo especial (Ethash) en la CPU o la GPU. Como recompensa, los mineros de Ethereum reciben Ether a cambio. Para agrupar su rendimiento y aumentar así las posibilidades de recibir una recompensa, los mineros de Ethereum se unen en grupos de minería.

Ethereum está formado por una serie de componentes o conceptos que están entrelazados:

Nodos

Un nodo es un ordenador que forma parte de la red Ethereum. Almacena una copia incompleta (cliente ligero) o completa (nodo completo) de la cadena de bloques y la actualiza permanentemente. Además, existen los llamados nodos mineros que confirman las transacciones, es decir, *minan*.

En enero de 2021, hay 11643 nodos en la red de Ethereum, el porcentaje de nodos mineros no se puede determinar con precisión.

contratos inteligentes

Los contratos inteligentes son programas que se ejecutan automáticamente en cuanto se transfiere una suma especificada en el contrato en Ether. Esto significa que la verificación (manual) de un pago entrante ya no es necesaria, porque la transferencia inicia directamente la consideración especificada en el programa.

Cada transacción se almacena en toda la cadena de bloques, es decir, en todos los dispositivos conectados a la red. El concepto descentralizado del blockchain comprueba permanentemente la integridad de toda la base de datos.

Los contratos inteligentes están escritos en su mayoría en Solidity, un lenguaje de programación desarrollado específicamente para Ethereum. A continuación, se traducen a bytecode y se ejecutan en la *máquina virtual de*

Ethereum (EVM). Una máquina virtual básicamente encapsula un entorno de cliente del entorno de host, que son las otras aplicaciones en un ordenador. Las máquinas virtuales de Ethereum se han implementado en Ruby, Elixir, C ++, C #, Go, Haskell, Java, JavaScript, Python, Rust, Erlang, y pronto WebAssembly.

Aplicaciones descentralizadas (DApps)

Las DApps son programas que se ejecutan en la cadena de bloques y, por tanto, en todos los nodos en paralelo. La forma más sencilla de pensar en una DApp es como un sitio web. Sin embargo, mientras que los sitios web clásicos están conectados a un servidor central y posiblemente a bases de datos a través de la API, la DApp está conectada a la cadena de bloques a través de un contrato inteligente. La DApp "compra" el "gas" -es decir, un combustible- necesario para su ejecución en la blockchain a través del contrato inteligente utilizando Ether.

Esto es más caro y más lento que el modelo tradicional cliente-servidor, pero ofrece algunas ventajas: En los servidores centralizados, los atacantes pueden manipular los datos. Sin embargo, el concepto descentralizado de la cadena de bloques comprueba permanentemente la integridad de toda la base de datos. Así, las aplicaciones descentralizadas son tolerantes a los fallos, inmutables y no sufren interrupciones de conexión.

Éter

El éter es la "moneda" de la red Ethereum. Sin embargo, la red permite la creación de cualquier otra moneda -los llamados tokens- que luego pueden intercambiarse por Ether.

Actualmente, hay unos 110,9 millones de eteres en circulación. Con una capitalización de mercado de unos 19.170 millones de euros (a 11 de mayo de 2020), Ethereum es el segundo sistema de criptodivisas más grande, por detrás de la red Bitcoin y por delante de Ripple.De nuevo, ofrece más funciones que un sistema de divisas.

Organización Autónoma Descentralizada (DAO)

Una **Organización Autónoma Descentralizada** (DAO) es una organización cuya estructura y reglas de gestión están escritas de forma digital e inmutable por un contrato inteligente, ejecutado de forma descentralizada (en este caso por la red Ethereum), y por tanto sin órganos de decisión convencionales como un consejo de administración.

La DAO

El DAO es el más popular implementado en la blockchain de Ethereum hasta ahora. Fue desarrollado y publicado por la empresa *Slock.it.* A grandes rasgos, la misión de *la DAO es* recaudar Ether (la criptodivisa por defecto en Ethereum) mediante la venta de acciones con derecho a voto, celebrar un panel de decisión sobre cómo utilizar el Ether recaudado y transferirlo en consecuencia. Por lo tanto, es una empresa de inversión autónoma y automatizada. *La DAO* se subió a la blockchain en abril de 2016 y pasó por el crowdfunding hasta el 28 de mayo de 2016 (se compró con la criptodivisa Ether). Los tokens de la DAO, que dan derecho a votar por las decisiones tomadas en *la DAO,* pueden negociarse en varias bolsas de criptomonedas.

El 17 de junio de 2016, un desconocido inutilizó 3,6 millones de Ether a través de un fallo en el contrato inteligente de

The DAO. En ese momento, su valor superaba los 65 millones de euros. Una *bifurcación dura para* revertir el ataque fue muy controvertida en la comunidad, pero luego fue aprobada en una votación. Esta bifurcación dura despojó a la DAO atacante de sus *Ethers*, dando lugar a dos blockchains, la original de las cuales continúa como **Ethereum Classic** (**ETC**). Basándose en diversas métricas y en la votación de la comunidad, la Fundación Ethereum ha decidido limitar sus actividades de desarrollo únicamente a la blockchain principal *bifurcada* (o *bifurcada*) (que sigue llamándose *Ethereum*) y no preocuparse por *Ethereum Classic.*

Clientes

clientes de prueba de trabajo

Existen varias implementaciones de clientes de Ethereum, programas de aplicación para el usuario final:

clientes de prueba de apuestas

Para la transición prevista de la red a Proof-of-Stake (véase la sección "Transición a Proof-of-Stake") se están desarrollando varios clientes nuevos que soportan el nuevo mecanismo de consenso:

- Lighthouse, desarrollado en Rust
- Prysm, desarrollado en Go
- Teku, desarrollado en Java
- Nimbus, desarrollado en Nim

ERC-721/Fichas no fungibles

La comunidad de Ethereum ha declarado *que el protocolo ERC-721 es* el estándar para los tokens no fungibles en Ethereum.

Historia

Ethereum fue descrito originalmente en términos generales por Vitalik Buterin a finales de 2013 en el libro blanco "Ethereum: A Next Generation Smart Contract & Decentralized Application Platform" y presentado en la North American Bitcoin Conference de Miami en enero de 2014. Gavin Wood, cofundador del proyecto, publicó la especificación formal y el diseño de la *máquina virtual de Ethereum (EVM)* en abril de 2014 con el "Libro Amarillo de Ethereum". En julio de 2015, se lanzó la red Ethereum. Apenas siete meses después, el 29 de febrero de 2016, la criptodivisa utilizada en Ethereum, Ether, alcanzó una capitalización de mercado de más de 500 millones de dólares. Otras dos semanas más tarde, el 12 de marzo de 2016, ya se había duplicado y Ether pudo registrar una capitalización de mercado de más de mil millones de dólares. El desarrollo está dirigido por la *fundación* suiza *Ethereum (Fundación Ethereum)*.

El cofundador es el ex directivo de Goldman Sachs Joseph Lubin, que desarrolla aplicaciones para Ethereum con su empresa ConsenSys, con sede en Nueva York. Fue director general de la empresa suiza Ethereum Switzerland GmbH (EthSuisse), fundada a principios de 2014. También en 2014, se formó una fundación suiza de Ethereum y una organización sin ánimo de lucro, que lanzó una campaña de crowdfunding de Ethereum Bitcoin para financiar el coste del desarrollo, vendiendo el primer Ether generado contra Bitcoin, recaudando más de 18 millones de dólares en total. En marzo de 2017, grupos de investigación, startups y grandes empresas y bancos formaron la Enterprise Ethereum Alliance (EEA).

Ethereum classic se convirtió en el objetivo de los hackers a principios de 2019, que atacaron la red de blockchain y capturaron criptodivisas por valor de alrededor de 1,5 millones de dólares. Para ello, al parecer, se hicieron con el control de la red de minería y reorganizaron la cadena de bloques para que las unidades de la moneda pudieran emitirse dos veces. La plataforma de comercio Coinbase dejó entonces de comerciar con *Ethereum Classic*.

Fases de desarrollo

En julio de 2015, se lanzó la beta de Ethereum llamada *Ethereum Frontier.* Ethereum Frontier era el marco básico de Ethereum, y sus principales características consistían en la implementación de un algoritmo de prueba de trabajo y programas de ejecución distribuida, llamados contratos inteligentes.

En marzo de 2016, los promotores pasaron de la fase de frontera al siguiente objetivo intermedio, "Homestead". Homestead se encargó principalmente de que el uso de Ethereum fuera más seguro, ya que se corrigieron los errores.

Los otros objetivos principales de los desarrolladores de Ethereum son "Metrópolis" y "Serenidad". En el objetivo intermedio de Metrópolis, se crearán aplicaciones para el usuario final y, por lo tanto, una "fase general". Metropolis facilitará el uso a los usuarios finales, por ejemplo, a través de clientes ligeros, ya no tendrán que descargar toda la blockchain de Ethereum y así aliviarán la carga de sus propios ordenadores. Otra innovación tendrá lugar con la implementación de ZK-SNARKS, que permite realizar transacciones completamente anónimas en la red pública de Ethereum.

El objetivo final Serenity asegura el cambio de un algoritmo de prueba de trabajo a un algoritmo de prueba de participación.

Transición a la prueba de consumo

El 1 de diciembre de 2020 se lanzó oficialmente la cadena Beacon y por primera vez fue posible obtener rendimientos en Ether sin utilizar protocolos externos. Para ello, la cadena Beacon y el software del Validador pueden ejecutarse en un servidor dedicado (o virtual), o bien pueden obtenerse devoluciones en Ether existentes mediante un proveedor de apuestas (normalmente bolsas de criptodivisas).

Para el llamado "solo-staking" con hardware propio se necesitan al menos 32 Ether para que funcione un solo validador. Para ello, es necesario un servidor en el que se ejecute el software de la cadena de balizas y el validador. El software del validador es capaz de ejecutar cualquier número de validadores (con 32 Ether cada uno) en un único servidor.

Se puede utilizar cualquier número de éteres (es decir, incluso menos de 32) para apostar a través de, por ejemplo, una de las bolsas de criptomonedas.

El validador asume la tarea de generar nuevos bloques y validar las transacciones (análogo al concepto actual de proof-of-work con mineros, pero sin el inmenso consumo de energía) - el servidor debe estar en línea todo el tiempo, si no es así, el validador es "castigado" y pierde regularmente una pequeña parte de su éter hasta que vuelva a estar disponible. Así se garantiza que todos los validadores tengan la mayor disponibilidad posible y que, por tanto, toda la red sea siempre estable.

En la fase actual de desarrollo, sólo es posible depositar Ether en el contrato de depósito y estacarlo mediante un validador, pero todavía no es posible volver a retirar el Ether depositado. Esta función se espera con una de las próximas actualizaciones. Sin embargo, es posible salir voluntariamente de un validador, lo que significa que el validador puede estar fuera de línea sin incurrir en sanciones.

Para la gestión del Ether depositado, se desarrolló el Contrato-Depósito cuyo código y transacciones pueden ser vistos por todo el mundo en la Blockchain de Ethereum: En enero de 2021, el Contrato-Depósito contiene 2,85 millones de Ether por valor de 3.200 millones de euros, lo que corresponde a un número de 88.915 validadores.

La cantidad de rendimientos conseguidos es variable y depende del número de todos los validadores. Actualmente (enero de 2021), la rentabilidad anual es del 9,3%.

Próximos pasos

El siguiente paso para la transición de la red Ethereum a proof-of-stake es el llamado sharding. La red se dividirá en varios fragmentos, lo que debería mejorar la carga de los nodos individuales y la escalabilidad de la red. Esta medida se aplicará en 2021.

Se espera que el último paso sea el llamado "docking", que conectará la red Ethereum 1.0 existente con la nueva red Ethereum 2.0, marcando el fin del proof-of-work y completando la transición al proof-of-stake. La fecha prevista para ello es en 2022.

Litecoin

Litecoin (símbolo: Ł; abreviatura: **LTC**) es una criptomoneda peer-to-peer incorporada a un proyecto de software de código abierto, que a su vez fue liberado bajo la licencia MIT/X11.

Historia

Litecoin fue lanzado el 7 de octubre de 2011 a través del cliente de código abierto Litecoin Core por Charlie Lee en GitHub.

Descripción

El sistema Litecoin está implementado técnicamente de forma casi idéntica al sistema Bitcoin. La creación y transferencia de Litecoins se basa en un protocolo de encriptación de código abierto y, por lo tanto, no se controla de forma centralizada.

Una red de pares similar a la de Bitcoin gestiona todas las transacciones, saldos y gastos. Los Litecoins se crean generando bloques basados en una función hash criptológica. Este proceso de "encontrar" un hash se llama *minería*. El ritmo de generación de Litecoins forma una serie geométrica y se reduce a la mitad cada cuatro años hasta alcanzar una cantidad total predefinida de Litecoins (protección contra la inflación). Los Litecoins, al igual que los Bitcoins, pueden generarse individualmente en un solo ordenador, para una persona, o distribuirse en múltiples sistemas propiedad de varias personas, en los llamados *pools.*

Al igual que un Bitcoin, cada Litecoin puede dividirse en 100.000.000 unidades más pequeñas.

Los litecoins pueden cambiarse tanto por dinero fiduciario como por bitcoins, lo que suele hacerse a través de intercambios en línea (cambiadores de divisas digitales).

Las transacciones *con cargo* (como las de las tarjetas de crédito) rara vez se utilizan para comprar Litecoins porque las transacciones con Litecoins son irreversibles y, por lo tanto, existe el riesgo de *devoluciones de cargos* no deseadas.

Diferencias con el Bitcoin

Litecoin se desarrolló como una criptomoneda alternativa a Bitcoin y se diferencia de ella en al menos tres aspectos:

- Los bloques se generan en la red Litecoin cada 2,5 minutos en lugar de cada 10 minutos, lo que da lugar a confirmaciones de transacciones más rápidas para los clientes.

- Por lo tanto, la red Litecoin también produce cuatro veces más unidades que la red Bitcoin en todo su recorrido, convergiendo hacia 84 millones de Litecoins.

- A diferencia de Bitcoin, que utiliza SHA256, Litecoin utiliza scrypt en su algoritmo de prueba de trabajo: una función secuencial especial ideada y descrita por Colin Percival. Con el objetivo de distribuir *la minería de* manera uniforme entre muchas personas y evitar la centralización como en el caso de la moneda Bitcoin, se eligió un algoritmo adaptado a los PC (optimizado para CPU y GPU). Por otro lado, debería evitarse una implementación (mucho más rápida) en ASICs, que se fabrican especialmente para esta aplicación, para que la minería sea menos dependiente de la potencia financiera. Scrypt está diseñado específicamente para dificultar los ataques de fuerza bruta con hardware especializado como FPGAs y ASICs. Lo hace aprovechando que la memoria es relativamente cara. Por esta razón, scrypt ha sido diseñado intencionalmente para ser muy intensivo en memoria. Por lo tanto, las unidades de procesamiento gráfico (GPU), que están diseñadas para manejar texturas y otros grandes conjuntos de datos o tienen acceso a la memoria de la CPU, son muy adecuadas para minar Litecoins, y es comparativamente costoso implementar con éxito dispositivos con FPGAs o ASICs. Sin embargo, los mineros basados en ASIC que logran hashrates comparables a los de las GPU -pero con una fracción del consumo de energía de las tarjetas gráficas- existen desde hace tiempo.

Evolución del precio de las acciones

El 3 de febrero de 2014, 1 LTC equivalía aproximadamente a 21,50 USD o 0,028 BTC.

El 20 de agosto de 2014 (aproximadamente medio año después), 1 LTC había caído a unos 4,77 dólares (un 78% de pérdida de valor).Litecoin seguía siendo la quinta criptodivisa más grande, pero el valor de su capitalización de mercado se redujo aproximadamente un 73%, hasta los 150.000.000 dólares.Así, al igual que Bitcoin, Litecoin experimentó una gran pérdida de valor.

Desde principios de 2017, el precio ha experimentado una fuerte subida hasta situarse en torno a los 50 dólares en junio de 2017 y superar los 300 dólares en diciembre de 2017, pero posteriormente ha sufrido una fuerte caída hasta situarse en torno a los 43 dólares en noviembre de 2018.

En términos de capitalización de mercado, Litecoin es la octava criptodivisa más grande, con aproximadamente 13.000 millones de dólares (al 13 de febrero de 2021).

Cardano

Cardano es un proyecto basado en blockchain en el campo de las criptodivisas, que fue lanzado con el objetivo de investigar científicamente y resolver todas las dificultades actuales conocidas de las monedas blockchain hasta la fecha. El proyecto, que comenzó en 2015, pretende rediseñar por completo la forma en que se han construido y desarrollado las criptomonedas hasta ahora en diferentes niveles y, en última instancia, crear una plataforma descentralizada para transferencias de valor complejas y programables bajo los aspectos de escalabilidad y seguridad.

Desde el principio, los miembros del equipo se pusieron de acuerdo en ciertos principios básicos que debían servir de guía durante la aplicación: entre otros, se trata de un enfoque científico, una transparencia total, la aplicación con un lenguaje modular y funcional, la apertura hacia las instituciones oficiales y los reguladores, y la apertura de las fuentes.

Si el proyecto tiene éxito, que aún está en desarrollo, Cardano se considera la criptomoneda más completa jamás creada.

Cardano utiliza la criptomoneda interna *ADA* como pago para sus transacciones.

Descripción

Desde el punto de vista de los fundadores del proyecto, todas las criptomonedas basadas en blockchain hasta la fecha se encuentran inevitablemente con una serie de graves problemas relativos a la usabilidad práctica, la seguridad, la escalabilidad y la integración social y económica de las criptomonedas. Estos problemas surgen de las debilidades inherentes a las estructuras técnicas de las criptomonedas establecidas:

Así, el mundo de las criptodivisas ha evolucionado desde una 1ª generación en la que se realizaban pagos estáticos sin contratos, a una 2ª generación en la que eran posibles los contratos dinámicos (contratos inteligentes programables), hasta una 3ª generación que apenas está emergiendo (escalado global y regulación legitimadora).

La tercera generación de criptomonedas introduciría una escalabilidad arbitraria para su uso masivo, interoperabilidad y sostenibilidad, aprendiendo de los errores de las generaciones anteriores e implementando nuevas tecnologías.

Desde un punto de vista técnico, Cardano se basa en varias capas, cada una de las cuales está destinada a ofrecer servicios y funciones relevantes.

Escalabilidad

Para que la escalabilidad sea de uso masivo, Cardano quiere resolver los tres problemas más importantes en este ámbito. Para resolver estos problemas, Cardano está trabajando en un nuevo protocolo seguro de prueba de apuestas llamado Ouroboros. Entre otras cosas, Ouroboros debería permitir blockchains paralelas y particionadas en el futuro e implementar un cifrado seguro a nivel cuántico. Se supone que la creación de un bloque en la cadena de bloques provoca una fracción de los costes que surgen con las implementaciones actuales de la cadena de bloques.

Interoperabilidad

El equipo de Cardano considera que la falta de interacción entre las propias criptomonedas, así como la falta de interacción entre el mundo financiero externo y las criptomonedas, es un problema importante. Hasta ahora, la interfaz entre el mundo financiero y el de las criptodivisas ha sido, en general, sólo una serie de plataformas de intercambio que pueden cambiar criptodivisas por dinero fiduciario y viceversa. En este sentido, ha sido muy problemático pasar directamente del mundo de las criptomonedas al mundo financiero habitual en el marco de las transacciones comerciales regulares y demostrar la legitimidad de las transacciones realizadas en el mundo de las criptomonedas a las instituciones financieras y al sector público.

Por ello, Cardano está trabajando en una plataforma que permitirá la interacción de protocolos de diversa índole del mundo de las criptomonedas entre sí y con protocolos del mundo financiero externo. Para ello, en el futuro, se prevé el almacenamiento de metadatos encriptados para cada transacción, que almacenarán el origen y otros datos maestros de un flujo de dinero y podrán ser revelados a organismos confidenciales para su comprobación. Con ello, Cardano quiere lograr un equilibrio entre la apertura al sector público y la protección de la privacidad de los participantes en la red y la descentralización.

Además, los tokens de otras criptomonedas deberían poder utilizarse dentro de las sidechains (cadenas laterales) de Cardano.

Sostenibilidad

Cardano quiere utilizar un proceso democrático de toma de decisiones de todos los titulares de tokens para controlar la dirección del desarrollo del proyecto en el futuro y financiarlo a través de una *tesorería,* similar al modelo del proyecto Dash.

Proyecto

Tres entidades participan en el desarrollo del proyecto:

- La *Fundación Cardano* (fundación sin ánimo de lucro registrada en 2016 en Zug, Suiza), con las tareas de crear e investigar normas y regulaciones para las criptodivisas, la representación oficial externa y la construcción y mantenimiento de la comunidad
- *Emurgo* (una empresa japonesa), que gestiona la parte comercial y de inversores del proyecto
- *IOHK* - una empresa tecnológica que cubre la ejecución técnica del proyecto

Polkadot

Polkadot es el concepto de una arquitectura multicadena heterogénea y de traducción que permite la conexión de sidechains personalizadas con blockchains públicas. A través de Polkadot, diferentes blockchains pueden intercambiar mensajes entre sí de forma segura y fiable. El protocolo fue concebido por el fundador de Ethereum, Gavin Wood, y recaudó 144,3 millones de dólares en su Oferta Inicial de Monedas en octubre de 2017.

El proyecto Polkadot está impulsado por la Fundación Web3. La Fundación Web3 es una fundación suiza cuyo objetivo es producir y promover tecnologías y aplicaciones en el ámbito de los protocolos de software web descentralizados, especialmente en relación con los métodos criptográficos modernos. El objetivo de la Fundación Web3 en relación con Polkadot es la promoción y estabilización del ecosistema Web3.

Protocolo

General

El protocolo Polkadot pretende ser una multicadena escalable y heterogénea. A diferencia de otras cadenas de bloques tradicionales que se especializan en proporcionar una única cadena de bloques con un cierto grado de generalización para las aplicaciones potenciales, Polkadot proporciona una cadena de relevo básica que puede albergar una amplia variedad de estructuras de datos validables y globalmente coherentes.

Polkadot puede considerarse equivalente a un grupo de blockchains tradicionales, como el grupo formado por Ethereum, Ethereum Classic y Bitcoin, con dos diferencias clave: la seguridad agregada y la transferibilidad de confianza entre cadenas.

Se supone que el diseño de Polkadot es "escalable". En general, un problema a desplegar en Polkadot puede ser ampliamente paralelizado y escalado dividiéndolo entre un gran número de Parachains. Como todos los aspectos de cada paracaídas pueden procesarse en paralelo en diferentes partes de la red, ésta tiene básicamente la capacidad de escalar.

El objetivo de Polkadot es proporcionar un componente fundamental de la infraestructura, dejando gran parte de la complejidad a nivel de middleware.

Polkadot se está desarrollando para conectar *cadenas privadas/de consorcio*, redes *públicas/de confianza*, oráculos y futuras tecnologías aún por crear en el ecosistema de la Web 3. Polkadot está preparando el camino para una red en la que *blockchains independientes* puedan compartir *información y transacciones de confianza* a través de la cadena de relevo de Polkadot con un enfoque en la escalabilidad, la gobernanza y la interoperabilidad.

Desde un punto de vista general, Polkadot trata de resolver los siguientes tres problemas fundamentales:

- Interoperabilidad: Polkadot está diseñado para permitir que las aplicaciones o los contratos inteligentes en una blockchain intercambien sin problemas datos y activos con otras cadenas.
- Escalabilidad: Polkadot permite mantener múltiples sidechains, por lo que cada sidechain puede procesar múltiples transacciones simultáneamente. Esto garantiza una escalabilidad infinita.
- Seguridad agregada: Polkadot agrega la seguridad en la red. Esto significa que las cadenas individuales pueden utilizar la seguridad colectiva

de todas las cadenas sin tener que construir su propia red y ganar confianza.

Historia

Gavin James Wood

Gavin Wood es uno de los fundadores y actual director de Parity Technologies. Anteriormente, fue Director de Tecnología y cofundador del proyecto Ethereum, codiseñador del protocolo Ethereum y autor de su especificación formal. Gavin Wood también creó y programó la primera implementación funcional de Ethereum. Mantiene el lenguaje de programación Solidity, fue jefe de proyecto de su IDE y desarrolló el protocolo Whisper. Es doctor en informática por la Universidad de York.

Gavin Wood publicó el whitepaper de Polkadot el 14 de noviembre de 2016, y posteriormente se decidió que el protocolo sería mantenido por la Fundación Web3, que se formó en junio de 2017.

Oferta inicial de monedas (ICO)

Polkadot lanzó su Oferta Inicial de Monedas el 15 de octubre de 2017, y la venta de tokens tuvo lugar en un formato de subasta holandesa. La ICO finalizó el 27 de octubre de 2017 y recaudó un total de 485.331 ETH (Ether, la moneda de la blockchain de Ethereum). Poco después, el 6 de noviembre de 2017, se conoció que se habían destruido nada menos que dos tercios de los Ether recaudados mediante la explotación de un error de código en un contrato inteligente (hack de paridad).

Ficha (DOT)

Funciones

La ficha DOT tiene tres propósitos: la gobernanza, el funcionamiento y la conexión de la red.

Gracias a la teoría de los juegos, los poseedores de fichas están motivados para actuar con honestidad. Los "buenos" actores son recompensados por estos mecanismos, los "malos" son castigados perdiendo su inversión en la red. Esto garantiza la seguridad del sistema.

Los nuevos Parachains se crean en la red vinculando tokens a ellos. Las parachains obsoletas o inútiles se eliminan quitando las fichas ligadas a ellas. Esto corresponde a una especie de Prueba de Estafa.

El token DOT es un token nativo y se asigna en el bloque Genesis de la red Polkadot.

Desarrollo

La Fundación Web3 ha contratado a Parity Technologies para desarrollar el protocolo Polkadot. El desarrollo está en marcha.

El lanzamiento del bloque Génesis de Polkadot tuvo lugar en mayo de 2020. Algunos protocolos de blockchain muy conocidos, como Melonport, ya han expresado su interés en desarrollar una parachain de Polkadot.

Bitcoin Cash

Bitcoin Cash (abreviatura *BCH*) es una criptodivisa que se creó mediante un *hard fork* de la red Bitcoin el 1 de agosto de 2017. Por capitalización de mercado, Bitcoin Cash es la undécima mayor criptomoneda.

Escisión de Bitcoin

El objetivo de la bifurcación de Bitcoin era aumentar el límite de tamaño de los bloques de 1 MB a 8 MB sin adoptar la extensión del protocolo SegWit. Esto permite realizar más transacciones por tiempo en Bitcoin Cash que en la red Bitcoin. Hasta la bifurcación (hasta el bloque 478558), ambas blockchains eran idénticas. Cada propietario de Bitcoin tuvo acceso a la misma cantidad de Bitcoin Cash en el momento de la bifurcación, siempre que tuviera acceso a su clave privada.

El inventor de Bitcoin y principal desarrollador original, Satoshi Nakamoto, incorporó un límite de tamaño de bloque de 1 MB en la implementación de referencia en 2010. Esto permitía unas siete transacciones por segundo para evitar ataques a la red con bloques demasiado grandes. Escribió que el límite podría aumentarse más adelante con un pequeño cambio de código.

Con el rápido crecimiento de la adopción de Bitcoin, este límite artificial se convirtió en algo perturbador. El espacio en los bloques de transacciones se convirtió en un recurso precioso. Esto provocó un aumento de las comisiones por transacción y un mayor tiempo de espera para los pagos, lo que molestó a algunos usuarios. La congestión de las transacciones no autenticadas puede verse por el tamaño del mempool.Sólo aquellos que pagaron altas tarifas por el autenticador consiguieron que su transacción fuera autenticada rápidamente. Los saldos pequeños dejaron de tener valor porque la comisión de una transacción superaba el saldo.

La escalabilidad de Bitcoin y el aumento del límite de tamaño de los bloques se debatieron durante más de cuatro años.Bitcoin XT surgió en agosto de 2015, Bitcoin Unlimited en enero de 2016 y Bitcoin Classic en febrero de 2016. Ninguno de estos clientes alternativos recibió la mayoría del poder de hash minero necesario para activar las nuevas reglas. Por ello, desde principios de 2017, se planteó ejecutar una activación de nuevas reglas también minoritaria, como un *User-Activated Hard Fork* (*UAHF para abreviar*).

En mayo de 2017, se recomendó *el BIP 91* para que Bitcoin confirmara las futuras transacciones utilizando *Segregated Witness* (*SegWit para abreviar*) a partir del 1 de agosto de 2017. El PIF *91* recibió una aprobación muy amplia (97% en julio de 2017). Parte de la comunidad consideró que *el PBI 91* posponía el problema sin un mayor tamaño de bloque y favorecía a Bitcoin como una inversión más que como una moneda. Otros rechazaron el *Testigo Segregado* por considerarlo demasiado complejo. Advirtieron del peligro de que Bitcoin dependa de la empresa Blockstream.

En junio de 2017, partes de la comunidad acordaron realizar una *bifurcación dura de* Bitcoin *activada por los usuarios*, hacia la moneda "Bitcoin Cash". En julio de 2017, se creó Bitcoin ABC como una bifurcación del cliente Bitcoin y como una implementación de referencia de Bitcoin Cash. El límite de tamaño de los bloques ha pasado de 1 MB a 8 MB. Por primera vez en el desarrollo de Bitcoin, esto dio lugar a una bifurcación controvertida ("contenciosa"). Para forzar la bifurcación, se incorporó una regla según la cual el 1 de agosto de 2017 debía encontrarse un bloque de más de 1 MB. Esto se convirtió en el bloque 478559 de 1,9 MB, y es rechazado por todos los clientes de Bitcoin excepto Bitcoin ABC. También impedía que las transacciones que un titular de Bitcoin encargara en una de las dos blockchains resultantes fueran activadas análogamente en la segunda blockchain por atacantes en contra de la voluntad del titular ("protección contra repeticiones").

Con mucha potencia de cálculo, se consiguió que la nueva variante de blockchain se perpetuara - como "Bitcoin Cash" (BCH), mientras que la blockchain establecida de "Bitcoin" aumentó posteriormente el tamaño de los bloques con la "Lightning Network" (a través del softfork "Segregated Witness"). Ambas blockchains comparten el mismo historial de transacciones hasta el 1 de agosto de 2017.Cualquiera que haya sido propietario de Bitcoin ha sido dueño de ambas monedas desde entonces. El requisito previo para acceder a los activos del BCH es utilizar un monedero electrónico que admita la cadena de bloques del BCH e importar las credenciales de los activos previos a la división en ese monedero.

Bitcoin (BTC) y Bitcoin Cash (BCH) utilizan un formato de dirección similar. Mientras que las antiguas direcciones empezaban con "1" o "3", Bitcoin Cash introdujo el formato "cashaddr". Aquí, las direcciones comienzan con "q" o "p" y el prefijo "bitcoincash:". Como ambos formatos siguen siendo válidos, los monederos también aceptan el formato antiguo.

Formatos de dirección

Si accidentalmente envías BCH a una dirección de BTC, no es un gran problema. Una clave para una dirección antigua también es válida en la otra blockchain. Tienes que exportarlo e importarlo a otro lugar. Sin embargo, si la dirección de destino es una dirección de Bitcoin que comienza con "3" o "p" en formato SegWit, el dinero puede ser congelado - hasta que las billeteras sean reparadas en el transcurso de 2019.Cada vez más billeteras e intercambios de BTC están formando tales direcciones SegWit.

Spin-off Bitcoin SV

Para el hardfork de Bitcoin Cash del 15 de noviembre de 2018, se opusieron dos cambios de protocolo que competían con las implementaciones de Bitcoin ABC y Bitcoin SV: Bitcoin ABC iba a introducir el controvertido Canonical Transaction Ordering (CTOR); Bitcoin SV, como contrapropuesta, no iba a habilitar el CTOR sino a aumentar el límite de tamaño de los bloques. A través de lo que se conoce como hashwar, se debía determinar el cambio de protocolo con más apoyo de los mineros. Inicialmente, Bitcoin SV tenía la ventaja con un 72 a 75 por ciento del hashrate, pero más tarde Bitcoin ABC recibió más hashrate, que el minero Roger Ver formó con los hashrates de sus clientes. El 23 de noviembre de 2018, CoinGeek, el mayor minero de Bitcoin Cash y partidario de Bitcoin SV, anunció que se retiraría de Hashwar y continuaría con Bitcoin SV como una criptodivisa independiente.

Minería

Al principio, Bitcoin Cash encontró poco apoyo de los mineros. Normalmente, la dificultad para encontrar nuevos bloques sólo se ajusta cada 2016 bloques, lo que equivale a dos semanas con un tiempo normal de bloque de diez minutos. Para evitar no encontrar un bloque de Bitcoin Cash durante mucho tiempo debido a la escasa potencia de hash, Bitcoin Cash ha introducido nuevas reglas para ajustar la dificultad más rápidamente ("Ajuste de Dificultad de Emergencia", EDA). Aunque a veces pasaban muchas horas entre los primeros bloques, al cabo de unos días el sistema se estabilizó en el intervalo habitual de diez minutos. La dificultad de Bitcoin Cash es actualmente alrededor del 3% de la dificultad de Bitcoin (a partir de julio de 2019).

Sin embargo, el AFD no consiguió estabilizar los intervalos de bloqueo a los 10 minutos que antes eran estándar para el Bitcoin. En cambio, el AFD conduce a períodos en los que no se encuentra ningún bloque durante horas, alternando con períodos en los que se encuentran hasta 90 bloques por hora. Además de la inestabilidad del intervalo de bloques, esto tiene el efecto de hacer que la blockchain de Bitcoin Cash crezca significativamente más rápido que la blockchain de Bitcoin, lo que resulta en una mayor tasa de inflación. El 13 de noviembre de 2017, Bitcoin Cash realizó un nuevo hardfork para sustituir el algoritmo DFA.

Nombre

El nombre de *Bitcoin Cash* fue controvertido en sus inicios. Mientras tanto, el nombre de Bitcoin Cash se utiliza comúnmente (como en los intercambios de criptografía, por ejemplo, GDAX y otros servicios). Sin embargo, algunos partidarios de Bitcoin siguen rechazando este nombre y se refieren a la moneda como "Bcash". Lo justifican con la necesidad de distinguirlo de Bitcoin por el riesgo de confusión. En cambio, los partidarios de Bitcoin Cash, como Gavin Andresen, consideran que la moneda es el "verdadero Bitcoin". Mientras tanto, hay varias empresas derivadas que llevan el nombre de Bitcoin (como Bitcoin Gold).

Clientes

La primera implementación publicada de Bitcoin Cash es Bitcoin ABC, que fue bifurcada de Bitcoin Core. Otras implementaciones son Bitcoin XT, Bitcoin Unlimited, Bitcoin Classic y bcash.

Como cliente ligero (sin una cadena de bloques completa), está Electron Cash, que se desprendió de Electrum.

En el sitio web oficial de Bitcoin Cash se puede encontrar una lista completa de clientes.

Nodos

La red de Bitcoin Cash consta de aproximadamente 1440 nodos (de los cuales aproximadamente 780 son nodos Bitcoin ABC). En comparación, la *red de Bitcoin* tiene aproximadamente 9440 nodos (de los cuales aproximadamente 9130 son nodos de Bitcoin Core) a partir de julio de 2019.

Letras de cambio

Kraken, Bitfinex, Bitcoin.de, Poloniex, Bitstamp y Coinbase y muchos otros intercambios permiten el comercio de Bitcoin Cash.

Aceptación del concesionario

La aceptación de Bitcoin Cash por parte de los comerciantes está aumentando constantemente y, en particular, después de que el proveedor de servicios de pago *BitPay* acepte BCH. Ahora hay 900 sitios web que aceptan Bitcoin Cash (a 23 de diciembre de 2018).

Stellar (sistema de pago)

Stellar es un protocolo de intercambio de valores de código abierto fundado a principios de 2014 por Jed McCaleb -el creador de eDonkey- y Joyce Kim. Entre los miembros de su consejo de administración y del consejo asesor se encuentran Keith Rabois, Patrick Collison, Matt Mullenweg, Greg Stein, Joi Ito, Sam Altman y Naval Ravikant, entre otros. El Protocolo Estelar está respaldado por una organización sin ánimo de lucro, la Fundación para el Desarrollo Estelar. En octubre de 2017, Stellar e IBM formaron una asociación. IBM utiliza la red Stellar para facilitar los pagos internacionales. Asimismo, IBM da soporte a la stablecoin "Stronghold USD", que es casi 1:1 en relación con el dólar estadounidense, ya que se reserva exactamente un dólar estadounidense para cada moneda completa, de forma similar a la criptodivisa Tether.

La criptodivisa propia Stellar Lumens (XLM) alcanzó una capitalización de mercado de aproximadamente 11.000 millones de dólares en febrero de 2021 y actualmente es una de las diez criptodivisas más valiosas.

Historia

En su lanzamiento, Stellar se basaba en el protocolo Ripple, que sin embargo se sobrecargó después de que se hicieran algunos ajustes en el código de consenso crítico para la red Stellar. Posteriormente, la cofundadora de Stellar, Joyce Kim, afirmó que se trataba de un error en el protocolo de Ripple, aunque esta afirmación fue puesta en duda en una entrada del blog por Stefan Thomas, el director de tecnología de Ripple. La Fundación para el Desarrollo de Stellar creó entonces una versión actualizada del protocolo con un nuevo algoritmo de consenso basado en un código totalmente nuevo. El código y el libro blanco de este nuevo algoritmo se publicaron en abril de 2015 y la red actualizada se puso en marcha en noviembre de 2015.

Cómo funciona

Stellar es un protocolo de código abierto para el intercambio de dinero. Varios servidores ejecutan una implementación de software del protocolo y utilizan Internet para conectarse y comunicarse con otros servidores Stellar, creando una red global para el intercambio de valor. Cada servidor almacena un registro de todas las cuentas de la red. Estos registros se almacenan en una base de datos llamada libro mayor. Los servidores sugieren cambios en el libro mayor proponiendo transacciones, moviendo las cuentas de un estado a otro equilibrando el balance de la cuenta o cambiando una propiedad de la cuenta. Si todos los servidores están de acuerdo con el conjunto de transacciones para el libro mayor actual, se realiza un proceso llamado consenso. El proceso de consenso se produce a intervalos regulares, normalmente cada dos o cuatro segundos. Esto mantiene la copia del libro mayor de cada servidor sincronizada e idéntica.

Tether

Tether es una criptodivisa no regulada con tokens emitidos por la empresa Tether Limited. Tether se negocia como una denominada stablecoin 1:1 con el dólar estadounidense.

Historia

Tether, originalmente llamado Realcoin, fue presentado el 9 de julio de 2014 por Brock Pierce, Reeve Collins y Craig Sellars. Con la ayuda del protocolo Mastercoin, cada Realcoin se mantendrá en reserva con un dólar estadounidense.

En noviembre de 2014, al comienzo de la beta privada, Realcoin pasó a llamarse Tether, ya que querían evitar que la criptodivisa fuera vista como una moneda alternativa a Bitcoin. Cuando aún estaba en fase beta, Tether se asoció con la plataforma de comercio Bitfinex y con las startups Expresscoin, GoCoin y ZenBox, respaldadas por Brock Pierce.

Ataque a Tether

En noviembre de 2017, se supo que unos desconocidos habían conseguido transferir 31 millones de dólares del monedero principal de Tether Limited a un monedero de Bitcoin no autorizado con la dirección *16tg2RJuEPtZooy18Wxn2me2RhUdC94N7r*. Por razones de seguridad, el comercio con el monedero afectado se detuvo brevemente y se revisó el software Omni Core. Sin embargo, como este cambio no se ajusta al modelo de consenso anterior, el cambio de software es un llamado hard fork.

Tecnología

Tether se emite en la blockchain de Bitcoin (antes de la transición a la blockchain de Litecoin) a través de los protocolos Omni-Layer, Ethereum, Tron o Simple Ledger.

Crítica

Los detractores del modelo Tether critican, entre otras cosas, que sólo lo emite una empresa, Tether Limited, y que el fondo no sería lo suficientemente transparente. Así, los directores de Tether Limited son también los de iFinex Inc, la empresa que está detrás de Bitfinex.

Una y otra vez surgieron sospechas de que la stablecoin no estaba respaldada 1:1 por dólares estadounidenses. En marzo de 2019, Tether Limited anunció finalmente que la cobertura de Tether no es solo de dólares estadounidenses. Otros activos (por ejemplo, otras criptomonedas) y los saldos pendientes de los préstamos concedidos a terceros también cuentan para la cobertura del token.

En abril de 2019 se conoció que la Fiscalía General de Nueva York había abierto una investigación tras acusar a las firmas de ocultar la pérdida de fondos por valor de 850 millones de dólares.

Desde julio de 2020, Tether también está en la blockchain de Bitcoin Cash.

Tether ha emitido 24.000 millones de dólares en USDT hasta la fecha, de los cuales casi 20.000 millones se emitirán solo en 2020. Este contexto ha provocado un aumento de las peticiones y la necesidad de una auditoría independiente, ya que se cree que Tether está manipulando los mercados. Las pruebas demuestran que ahora se negocia más BTC por USDT que dinero real por BTC.

Monero

Monero (XMR) es una criptomoneda descentralizada, basada en la cadena de bloques, comparable a Bitcoin. Sin embargo, a diferencia de Bitcoin, Monero se centra más en la privacidad o el anonimato de sus usuarios (Privacy Coin) y adopta un enfoque diferente en cuanto a la escalabilidad. La palabra "monero" procede del esperanto y significa "moneda".

Monero se basa en el protocolo CryptoNote, que contrasta con muchas otras criptodivisas que se basan en un código bifurcado de Bitcoin, como Litecoin. En la práctica, Monero se distingue de la mayoría de las demás criptomonedas por su fuerte anonimato, su algoritmo de prueba de trabajo llamado RandomX que está optimizado para procesadores de uso corriente, el ajuste continuo de *la dificultad de minería* y el algoritmo de ajuste del tamaño de los bloques (escalabilidad). El código de Monero recibió el reconocimiento de, entre otros, Vladimir J. van der Laan, uno de los actuales mantenedores de Bitcoin Core.

Al 13 de febrero de 2021, Monero tenía una capitalización de mercado de aproximadamente 3.600 millones de dólares (era menos de 3,8 millones de dólares el 3 de diciembre de 2015) y se han generado más de 16 millones de XMR (unidades de la moneda Monero) hasta la fecha.

Características

Divisibilidad de las unidades monetarias

Monero (XMR) es divisible hasta 12 posiciones decimales después del punto decimal, es decir, la unidad más pequeña de la moneda es 0.000 000 001 XMR = 10-12 XMR.

Algoritmo de minería y descentralización

El algoritmo de prueba de trabajo RandomX utilizado se caracteriza por el hecho de que, a diferencia del algoritmo sha256 de Bitcoin o del algoritmo scrypt de Litecoin, es muy intensivo en memoria y, por lo tanto, es especialmente adecuado para el *hardware de uso generalizado* (CPUs, GPUs y RAM de los PCs disponibles en el mercado), mientras que el desarrollo y la producción de hardware especial (ASICs) apenas merece la pena. En caso de que se produzcan cambios tecnológicos en este sentido, es de esperar que el algoritmo de minería se modifique en consecuencia (mediante *un hard fork*, véase más adelante) para seguir siendo fiel a la filosofía de la libertad de los ASIC y la minería descentralizada asociada.

Intervalo de bloques y ajuste de la dificultad

El intervalo objetivo para la generación de bloques es de dos minutos (después de ser de un minuto hasta finales de marzo de 2016, con el doble de *recompensa de minería hasta la fecha*), frente a los 10 minutos de Bitcoin.

La dificultad de minería de Monero se ajusta continuamente, no sólo en intervalos de dos semanas como Bitcoin.

Plan de emisión e inflación

La cantidad de dinero digital nuevo generado por bloque, la *recompensa de la minería,* cae continuamente de bloque en bloque y no gradualmente como en el caso de Bitcoin con su abrupta reducción a la mitad cada cuatro años. La *recompensa* nominal *del bloque* (en unidades XMR) se calcula a partir de la cantidad total de dinero A emitida hasta el momento (en unidades atómicas, es decir, 10^{12} veces la cantidad de dinero en XMR) mediante la fórmula

- Recompensa nominal en bloque (en XMR) = redondeo hacia abajo($(M-A)$ / ^{219}) / ^{1012}, donde *M=264-1*.

Una vez que la cantidad de dinero emitida hasta la fecha alcance los 18.132 millones de XMR y, por tanto, la *recompensa por bloque* caiga por debajo de los 0,6 XMR según la fórmula (prevista para mediados de 2022), la *recompensa* nominal *por bloque* se congelará para toda la eternidad en 0,6 XMR por bloque de 2 minutos (es decir, 157788 XMR/año), la denominada *emisión de cola*. Aproximadamente en el año 2040, la cantidad de Moneros superará a la de Bitcoins, superando los 21 millones y, por ejemplo, aproximadamente en el año 2130 (2300), la cantidad de dinero generada será de unos 35 (62) millones de XMR.

Restricción monetaria como resultado del plan de emisión

Con el inicio de la *emisión de cola de* 157.788 XMR al año a partir de aproximadamente mediados de 2022, con una oferta monetaria emitida entonces de 18.132 millones de XMR, el crecimiento nominal de la oferta monetaria es inicialmente del 0,87% al año, pero posteriormente descenderá de forma continua debido al aumento constante de la cantidad total de dinero emitido y convergerá hacia el 0% a largo plazo.

Dado que los Moneros siempre se perderán debido a factores del usuario (pérdida de claves privadas, defectos de hardware, falta de copias de seguridad), podría establecerse un equilibrio aproximado entre la tasa de monedas perdidas y las recién generadas a largo plazo mediante el mecanismo de *emisión de colas.* Esto significa que Monero podría considerarse una moneda con una oferta monetaria estable a largo plazo, a pesar de la generación permanente de nuevas unidades monetarias.

Anonimato y protección de datos

El protocolo CryptoNote utiliza *firmas en anillo* y *direcciones ocultas*. Esto tiene una serie de consecuencias:

Las direcciones sigilosas están *ocultas en el sentido de* que el dinero entrante y saliente a una dirección conocida no es visible públicamente en el blockchain. Esto sólo es posible mediante la clave privada, o con la ayuda de una *clave de vista,* que el propietario de la clave privada puede publicar o transmitir a un tercero. De ahí el término *opcionalmente transparente.*

Las firmas en anillo en Monero hacen posible que las transacciones estén siempre (y no sólo opcionalmente) fuertemente ofuscadas y mezcladas, de modo que es muy difícil o prácticamente imposible para terceros rastrear los flujos de dinero utilizando el análisis de la cadena de bloques. Como resultado, las unidades de la moneda Monero se consideran realmente *fungibles* y la *inclusión en la lista negra de* activos por parte de los mineros puede quedar prácticamente descartada.

Monero también se basa en cantidades encriptadas. Los importes ya no se transfieren a la vista en las transacciones, sino que se codifican con los llamados *Compromisos de Pedersen.*

Tamaño del bloque y escalado

No existe un límite superior general para el tamaño del bloque. Sin embargo, un nuevo bloque sólo puede ser dos veces más grande que la mediana de los 100 bloques anteriores. Además, la *recompensa de bloque* real pagada se reduce en comparación con la *recompensa de bloque nominal descrita anteriormente si* un bloque es mayor que esta mediana y al mismo tiempo mayor de 60 kB (este límite seguía siendo de 20 kB hasta el *hard fork de* finales de marzo de 2016). El porcentaje de reducción de la *recompensa por bloque* es el cuadrado del porcentaje en que el tamaño del bloque supera dicha mediana. Por ejemplo, si se supera la mediana en [10 %, 20 %, 50 %, 80 %, 100 %], la *recompensa* en bloque se reduce en [1 %, 4 %, 25 %, 64 %, 100 %]. Esta llamada *penalización de la recompensa por bloque* pretende garantizar que el tamaño de los bloques no aumente innecesariamente de forma rápida, pero sólo es aumentada por mineros económicamente racionales si la reducción de *la recompensa por bloque* se compensa con los ingresos adicionales de las tasas de TX.

Debido a las firmas en anillo, las transacciones de Monero son significativamente mayores en volumen de datos que las transacciones de Bitcoin, lo que permite que la cadena de bloques crezca significativamente más rápido que Bitcoin para el mismo volumen de transacciones. Sin embargo, hasta ahora (a 5 de septiembre de 2016), el volumen de transacciones es mucho menor que el de Bitcoin, por lo que no es significativo por el momento.

Cambios de protocolo incompatibles (hard forks)

En el pasado ya se produjeron cambios exitosos en el protocolo, por ejemplo, el ya mencionado cambio del intervalo de bloques de uno a dos minutos y el correspondiente ajuste de la *recompensa de los bloques en* marzo de 2016. En el futuro, se prevén más mejoras técnicas, que en su mayoría también solo pueden aplicarse con *hard forks, es decir,* cambios de protocolo no retrocompatibles (a partir del 5 de septiembre de 2016).

Aproximadamente cada medio año se produce un hard fork de este tipo, en el que se activan las mejoras técnicas de los últimos seis meses.

Desarrollador

El equipo central está formado por siete miembros, cinco de los cuales son anónimos (en septiembre de 2016). Además, hay muchos otros colaboradores individuales.

Dogecoin

Dogecoin es una criptodivisa peer-to-peer derivada de Litecoin, con un nombre y diseño basados en el fenómeno de Internet *Doge*.

Historia

Dogecoin fue lanzado el 8 de diciembre de 2013. Aunque originalmente pretendía ser una parodia de Bitcoin y del creciente número de monedas complementarias, el tipo de cambio de Dogecoin con respecto a los dólares estadounidenses aumentó rápidamente en las dos primeras semanas. El 19 de diciembre de 2013, 1.050 DOGE recibieron un dólar estadounidense, y por capitalización de mercado, Dogecoin fue la novena criptodivisa más grande con 8,79 millones de dólares. | En el logotipo de la moneda aparece un shiba, en el que se basa "Doge". Para el 10 de enero de 2014, sólo unas cuatro semanas después de su lanzamiento, el 25% de todos los Dogecoins ya habían sido creados a través de la minería.El 19 de enero de 2014, la comunidad Dogecoin recaudó alrededor de 30.000 dólares en Dogecoins para una posible candidatura olímpica del equipo de bobsled de Jamaica. Como resultado, el precio de Dogecoin aumentó un 50% y se convirtió en la séptima criptodivisa más importante, con una capitalización de mercado de 51,54 millones de dólares. El 31 de enero de 2014, Dogecoin ya era la quinta criptomoneda más valiosa, con una capitalización de mercado de más de 61 millones de dólares. Actualmente, la comunidad Dogecoin de Reddit está recogiendo Dogecoins para una misión lunar tripulada. En junio de 2015, apareció la moneda hermana pequeña de Dogecoin llamada: *Litedoge* (abreviatura: *LDOGE*). Tanto en diciembre de 2020 como en enero de 2021, el pionero de internet y de la movilidad eléctrica (Tesla) y multimillonario Elon Musk expresó su entusiasmo por la criptodivisa en varios tuits, lo que provocó diversas especulaciones en los foros de internet sobre una subida de la moneda, que cuesta apenas unos céntimos, a posiblemente hasta 10 céntimos.

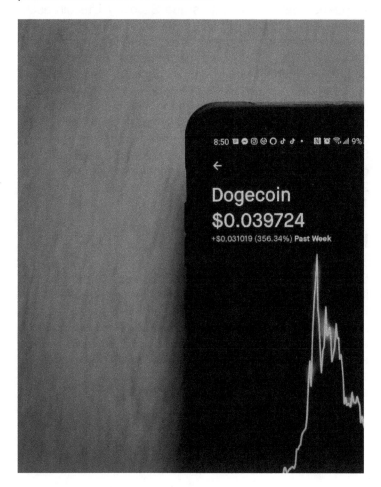

Diferencias con el Bitcoin

Al igual que Litecoin, Dogecoin utiliza scrypt en su algoritmo de prueba de trabajo. A diferencia de los Litecoins, el tiempo para crear un nuevo bloque es de 1 minuto (Litecoins: 2,5 minutos). Sin embargo, la mayor diferencia con respecto a otras criptodivisas es el inmenso número de monedas que se pueden generar. Mientras que Bitcoin y Litecoin están limitados a un total de 21 y 84 millones de monedas respectivamente, Dogecoin fue diseñado originalmente para tener 100.000 millones de monedas. El 2 de febrero de 2014, el fundador de Dogecoin, Jackson Palmer, publicó la decisión de eliminar el límite.Así, Dogecoin tiene claramente un carácter inflacionario, con 5.256 millones de nuevos Dogecoins que se acuñarán para cada año a partir de 2015, lo que equivale a una tasa de inflación del 5,3%. Sin embargo, como la cantidad añadida cada año es constante, la tasa de inflación disminuirá continuamente (en 2025 será del 3,4%, en 2035 del 2,5%, en 2050 sólo del 1,9%, etc.).

Intercambios en línea

Dogecoin se negocia ahora en muchos intercambios en línea. Algunos intercambios en línea permiten que Dogecoin se negocie directamente con las monedas nacionales sin un desvío a través de Bitcoin. Según el sitio web coinmarketcap.com, el comercio con euros es posible en las bolsas Kraken y Binance, y el comercio con dólares estadounidenses es posible en unas diez bolsas (a partir de enero de 2021).

Ripple (sistema monetario)

Ripple es un protocolo de red de pagos de código abierto basado en una idea del desarrollador web Ryan Fugger, el empresario Chris Larsen y el programador Jed McCaleb. Está siendo desarrollado por Ripple Labs. En su fase final de desarrollo, Ripple pretende ser un método de pago distribuido entre iguales, así como un mercado de divisas. La red Ripple admite cualquier moneda (dólar, euro, yen, bitcoin, etc.).

Estructura

En su esencia, Ripple se basa en una base de datos pública compartida. Contiene un registro de los saldos de las cuentas. Cualquiera puede consultar el registro y ver los registros de todas las transacciones en la red Ripple. Además de los saldos de las cuentas, el registro también puede contener información sobre ofertas de compra o venta de divisas y materias primas, lo que lo convierte en el primer centro de negociación distribuido. Los participantes en la red acuerdan los cambios en el registro según un proceso de consenso. Este consenso es encontrado aproximadamente cada 2 a 5 segundos por la red, lo que permite comerciar con los bienes sin una cámara de compensación central.

Además de la red de pagos y la plataforma de comercio distribuido, Ripple también contiene su propia criptodivisa interna *XRP,* también llamada *Ripple, que es* indispensable para la red de pagos. Puede utilizarse opcionalmente para el almacenamiento de valores o como medio de negociación, pero es indispensable para la ejecución de las operaciones de pago a fin de evitar el spam en la red. Además, Ripple Labs se financia exclusivamente a través del aumento del valor de XRP.

Cómo funciona

La mayoría de los sistemas monetarios modernos se basan en la confianza, el dinero en efectivo y los bonos del Estado, por ejemplo. Esto es especialmente cierto para las cuentas digitales en moneda fiduciaria. Un saldo de 100 euros en una cuenta bancaria requiere la certeza de que el banco pagará el dinero a la carta. Ripple es un intento de aplicar este mecanismo a una moneda en línea, registrando las obligaciones entre particulares e instituciones en un registro público mundial. El registro se almacena en la red global peer-to-peer de ordenadores que ejecutan el software del servidor Ripple. Las copias distribuidas del registro se mantienen consistentes por Ripple a través de un *algoritmo de consenso.*

La caja registradora almacena, a través de los pagarés, qué cantidad de moneda debe una persona a otra y viceversa. Por lo tanto, un saldo desequilibrado de pagarés siempre consiste en pasivos privados entre particulares. Las pasarelas de ripple son un caso especial importante. Éstas aceptan los medios de pago establecidos y emiten pagarés a cambio, canjeándolos siempre que sea necesario. El papel de una pasarela Ripple es, pues, similar al de un banco. Sin embargo, todos los pasivos de la pasarela se almacenan en el registro distribuido de Ripple en lugar de en sus propios libros. El canje de los pagarés de la pasarela siempre significa que un pago tiene lugar fuera de la red de Ripple, por ejemplo, a través de efectivo o de una transferencia bancaria.

Aunque el término pasarela se utiliza normalmente sólo para los proveedores comerciales que emiten y canjean pagarés, cualquier persona con una cuenta Ripple puede asumir el papel de una pasarela informal.

Cuando los pagos se producen dentro del sistema Ripple, las responsabilidades entre las personas implicadas se ajustan en consecuencia. El sistema Ripple sólo puede almacenar obligaciones, pero no hacerlas cumplir. Por lo tanto, es necesario que los usuarios de Ripple especifiquen en qué otro usuario confían, en qué moneda y hasta qué cantidad, para canjear los pagarés almacenados a petición. Si no hay una relación de confianza directa entre el emisor y el receptor, la red intenta identificar una ruta de usuarios en la que cada uno confía en el siguiente en la medida suficiente para pasar el pago. De este modo, los pagos se filtran ("ripple") a través del gráfico social de las relaciones de confianza. El registro compensa todos estos pagos entre sí, y los individuos pueden liquidar sus deudas mutuas fuera del sistema Ripple de vez en cuando.

Además de este mecanismo de pago, el sistema Ripple proporciona un cambio de moneda virtual distribuido en el que los pagarés pueden cambiarse por pagarés de otra moneda y/o de otra pasarela de emisión. Esta funcionalidad es integrada automáticamente por el sistema Ripple en la búsqueda de una ruta de confianza cuando no se podría establecer ninguna otra conexión entre el remitente y el destinatario de un pago.

El concepto de un banco central es visto por los iniciadores de Ripple como un punto único de fracaso y un punto singular desde el cual toda la moneda podría ser controlada. Para evitar problemas en este contexto, Ripple está diseñado como un sistema descentralizado.

Laboratorios Ripple

Ripple Labs (originalmente *Opencoin*) es la empresa que desarrolla el protocolo Ripple. Cuenta con el respaldo de varios inversores, como Andreessen Horowitz, Google Ventures, IDG Technology Venture Investment Fund, Lightspeed Venture Partners, Camp One Ventures, Core Innovation Capital, Venture 51, Bitcoin Opportunity Fund y varios particulares.

A diferencia de muchas otras empresas del sector informático, los ingresos de Ripple Labs no se generan a partir de comisiones o publicidad, sino que consisten únicamente en el esperado aumento de valor de los 25.000 millones de XRP retenidos. Por lo tanto, el objetivo empresarial principal es la distribución generalizada y la maximización de los beneficios de XRP para los usuarios, de modo que la demanda de XRP y, por lo tanto, el valor aumenten debido a la oferta limitada.

Productos de la red de distribución

Ripple Labs ofrece actualmente tres productos a sus clientes: xCurrent, xRapid y xVia.

xCurrent es la solución de software empresarial de Ripple que permite a los bancos procesar instantáneamente los pagos transfronterizos con un seguimiento de principio a fin. Con xCurrent, los bancos se informan mutuamente en tiempo real para confirmar los detalles del pago antes de que se inicie la transacción y confirmar la entrega una vez completada. Incluye un reglamento desarrollado en colaboración con el Consejo Asesor de RippleNet para garantizar la coherencia operativa y la claridad jurídica de cada transacción.

xRapid está diseñado para los proveedores de pagos y otras instituciones financieras que quieren minimizar sus costes de liquidez al tiempo que mejoran la experiencia de sus clientes. Dado que los pagos a los mercados emergentes suelen requerir cuentas prefinanciadas en moneda local en todo el mundo, los costes de liquidez son elevados. xRapid reduce drásticamente el capital necesario para la liquidez. xRapid aprovecha de forma única un activo digital, XRP, para ofrecer liquidez a la carta que reduce drásticamente los costes y permite realizar pagos en tiempo real a los mercados emergentes. XRP está diseñado para el uso empresarial y ofrece a los bancos y proveedores de pagos una opción de liquidez altamente eficiente, escalable y fiable para los pagos transfronterizos.

xVia se dirige a empresas, proveedores de pagos y bancos que quieren enviar pagos a través de diferentes redes mediante una interfaz estándar. La sencilla API de xVia no requiere ninguna instalación de software y permite a los usuarios enviar pagos a todo el mundo sin problemas, con visibilidad del estado de los pagos y con abundante información, como las facturas adjuntas.

El sistema de ondulación

Actualmente, el sistema Ripple ofrece la posibilidad de realizar hasta 1.500 transacciones por segundo. Esta cifra es escalable hasta 50.000 transacciones por segundo, lo que corresponde al mismo rendimiento de Visa. La escalabilidad en sí depende de la cantidad de servidores disponibles y de su capacidad de procesamiento. La velocidad de transacción es actualmente de unos 4 segundos.

La moneda digital *XRP*

La moneda *XRP* cumple dos funciones esenciales de la red: Evita el spam en la red y puede servir de moneda puente en el comercio con otras monedas. Para evitar el spam en la red, una cantidad mínima de XRP, actualmente al menos 0,00001 XRP, se consume y posteriormente se destruye para cada transacción. Así, el número de XRP disponibles va disminuyendo sucesivamente. Además, XRP cumple la función de fuente de financiación exclusiva de Ripple Labs. Ripple enfatiza repetidamente que la moneda nativa XRP es un proyecto independiente de código abierto que seguiría existiendo incluso si Ripple dejara de existir en algún momento. Para dejarlo claro, la comunidad de XRP desarrolló su propio logotipo en junio de 2018, que fue seleccionado por el público en general entre muchas sugerencias.

XRP es la única moneda del sistema Ripple que no implica riesgo de contrapartida: Una cuenta XRP no depende de la cobertura de una organización. Sin embargo, a diferencia de las cuentas IOU, conlleva un riesgo de tipo de cambio. Se dice que es mucho menor en contraste con una transferencia SWIFT, ya que una transacción se liquida en 5 segundos, mientras que una transferencia SWIFT tarda varios días.

Los creadores de Ripple generaron la red con 100.000 millones de XRP y transfirieron 80.000 millones de XRP a la empresa con ánimo de lucro Ripple Labs. Ripple Labs, por su parte, pretende distribuir 55.000 millones de XRP a los usuarios de la red Ripple y quedarse con los 25.000 millones restantes. En 2013, Ripple distribuyó 200 millones de Ripple a los participantes de la World Community Grid. Hasta la fecha se ha distribuido un total de 7.200 millones de XRP a diversos proyectos. No está prevista la creación de más dinero a través de la minería, como ocurre en muchas otras criptodivisas.

XRP alcanzó un pico de precio de 2,85 dólares a finales de diciembre de 2017 y se convirtió en la criptodivisa con la segunda mayor capitalización de mercado por primera vez desde mayo de 2017, con un valor de unos 85.000 millones de dólares por detrás de Bitcoin.

El XRP se puede gestionar principalmente con el monedero online de Ripple, pero hay clientes no oficiales de código abierto que también ofrecen esta funcionalidad en tu propio ordenador.

Según la información publicada por la propia Ripple en el apartado "Suministro de XRP", a 3 de diciembre de 2017, 38,74 mil millones (38.739.142.881) de XRP estaban en libre circulación y eran negociables, 6,25 mil millones (6.253.951.232) de XRP estaban en poder de la propia Ripple Labs, y 55 mil millones de XRP estaban depositados en una cartera de custodia y bloqueados (mediante un acuerdo de custodia en su propia blockchain). De estos 55.000 millones de XRP bloqueados, Ripple puede vender 1.000 millones de XRP cada mes, ya que libera 1.000 millones de XRP cada mes. La parte de esos mil millones de XRP que no se venden ese mes se bloquea de nuevo en la cuenta durante 55 meses. Según sus propios datos en este artículo del 7 de diciembre de 2017, Ripple ha vendido 300 millones de XRP al mes durante los últimos 18 meses (5.400 millones de XRP en total).

Disfruta de todos nuestros libros gratis...

  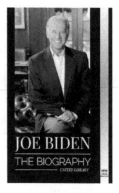

Interesantes biografías, atractivas presentaciones y más.

Únete al exclusivo club de críticos de la Biblioteca Unida!

Recibirás un nuevo libro en tu buzón cada viernes.

Únase a nosotros hoy, vaya a:
https://campsite.bio/unitedlibrary

LIBROS DE LA BIBLIOTECA UNIDA

Kamala Harris: La biografía

Barack Obama: La biografía

Joe Biden: La biografía

Adolf Hitler: La biografía

Albert Einstein: La biografía

Aristóteles: La biografía

Donald Trump: La biografía

Marco Aurelio: La biografía

Napoleón Bonaparte: La biografía

Nikola Tesla: La biografía

Papa Benedicto: La biografía

El Papa Francisco: La biografía

Y más...

Vea todos nuestros libros publicados aquí:
https://campsite.bio/unitedlibrary

SOBRE LA BIBLIOTECA UNIDA

La Biblioteca Unida es un pequeño grupo de escritores entusiastas. Nuestro objetivo es siempre publicar libros que marquen la diferencia, y estamos muy preocupados por si un libro seguirá vivo en el futuro. United Library es una compañía independiente, fundada en 2010, y ahora publica alrededor de 50 libros al año.

Joseph Bryan - FUNDADOR/EDITOR DE GESTIÓN

Amy Patel - ARCHIVISTA Y ASISTENTE DE PUBLICACIÓN

Mary Kim - DIRECTORA DE OPERACIONES

Mary Brown - EDITORA Y TRADUCTORA

Terry Owen - EDITOR